Die Rezepte unseres Lebens
DAS FAMILIENKOCHBUCH

Trotz gewissenhafter Bearbeitung kann eine Haftung für den Inhalt nicht übernommen werden.
Für aktuelle Ergänzungen und Anregungen ist der Verlag jederzeit dankbar.
Wir bedanken uns bei allen, die uns unterstützt haben.

In Erinnerung und tiefer Dankbarkeit für jahrzehntelange, zuverlässige Zusammenarbeit
widmen wir dieses Buch unserer Autorin und engen Vertrauten, Dr. Ute Scheffler.

IMPRESSUM

© 2021 BuchVerlag für die Frau GmbH
Gerichtsweg 28, 04103 Leipzig
Tel.: 0341 / 493574-0, Fax: 0341 / 493574-40
www.buchverlag-fuer-die-frau.de

Redaktionelle Bearbeitung: Ute Scheffler, Leipzig
Bildnachweis: S. 160
Gestaltung und Satz: Carmen Klaucke, Berlin
Druck und Bindung: feingedruckt – Print und Medien – Michael Luthe

Printed in Europe

1. Auflage 2021
ISBN 978-3-89798-622-0

Die Rezepte unseres Lebens

♥ DAS FAMILIENKOCHBUCH

INHALT

Lieblingsrezepte von Generationen

Erinnern Sie sich auch an ein Lieblingsessen aus der Kindheit, das nur Ihre Oma so gut zubereiten konnte? Nur sie bekam den unvergleichlichen Geschmack süßsaurer Eier hin, diese Kombination aus säuerlicher Schärfe und dem unverzichtbaren Hauch Süße oder diesen buttrig-knusprigen Streuselkuchen – Ihnen ist das nie ganz gelungen. Aber die Erinnerung schmecken Sie nach wie vor auf der Zunge. Es gibt sie, diese Speisen, die uns ein Leben lang begleiten, deren Rezepte wir von Generation zu Generation weitergeben, die wir gern kochen und essen. So etwas wie einen kulinarischen Schatz. Einen Schatz, den dieses Buch »heben« und bewahren möchte. Obwohl es dafür keinen Anlass braucht, ist er unübersehbar: Nicht nur eine Vielzahl

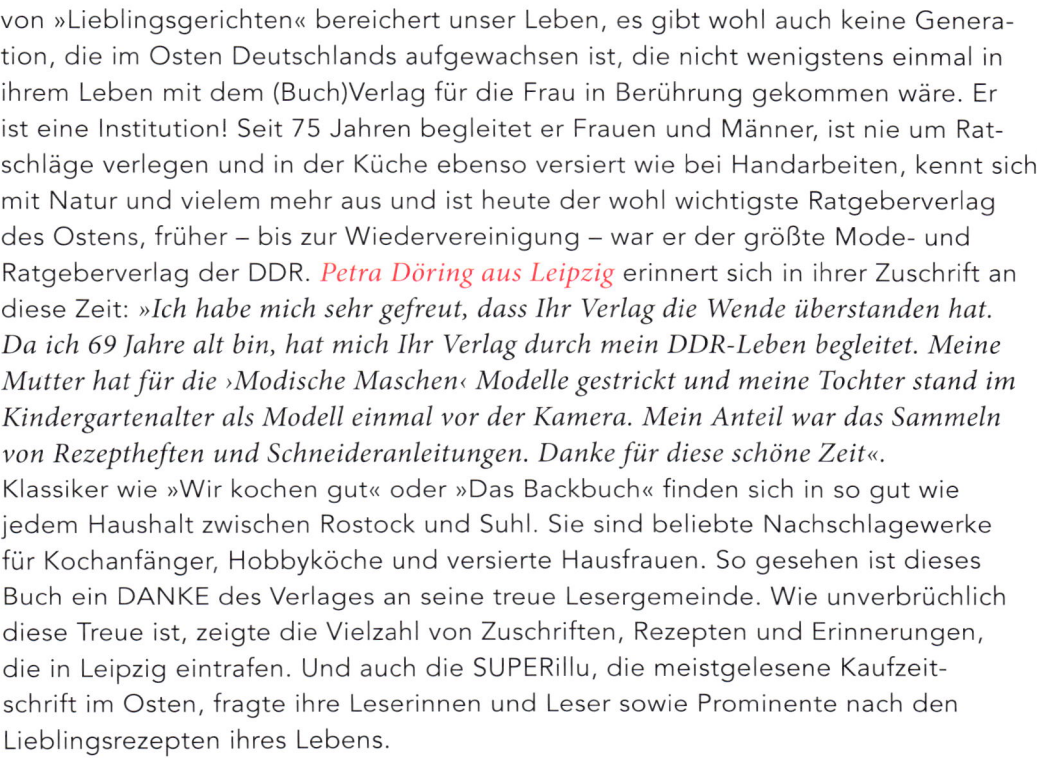

von »Lieblingsgerichten« bereichert unser Leben, es gibt wohl auch keine Generation, die im Osten Deutschlands aufgewachsen ist, die nicht wenigstens einmal in ihrem Leben mit dem (Buch)Verlag für die Frau in Berührung gekommen wäre. Er ist eine Institution! Seit 75 Jahren begleitet er Frauen und Männer, ist nie um Ratschläge verlegen und in der Küche ebenso versiert wie bei Handarbeiten, kennt sich mit Natur und vielem mehr aus und ist heute der wohl wichtigste Ratgeberverlag des Ostens, früher – bis zur Wiedervereinigung – war er der größte Mode- und Ratgeberverlag der DDR. *Petra Döring aus Leipzig* erinnert sich in ihrer Zuschrift an diese Zeit: *»Ich habe mich sehr gefreut, dass Ihr Verlag die Wende überstanden hat. Da ich 69 Jahre alt bin, hat mich Ihr Verlag durch mein DDR-Leben begleitet. Meine Mutter hat für die ›Modische Maschen‹ Modelle gestrickt und meine Tochter stand im Kindergartenalter als Modell einmal vor der Kamera. Mein Anteil war das Sammeln von Rezeptheften und Schneideranleitungen. Danke für diese schöne Zeit«.*

Klassiker wie »Wir kochen gut« oder »Das Backbuch« finden sich in so gut wie jedem Haushalt zwischen Rostock und Suhl. Sie sind beliebte Nachschlagewerke für Kochanfänger, Hobbyköche und versierte Hausfrauen. So gesehen ist dieses Buch ein DANKE des Verlages an seine treue Lesergemeinde. Wie unverbrüchlich diese Treue ist, zeigte die Vielzahl von Zuschriften, Rezepten und Erinnerungen, die in Leipzig eintrafen. Und auch die SUPERillu, die meistgelesene Kaufzeitschrift im Osten, fragte ihre Leserinnen und Leser sowie Prominente nach den Lieblingsrezepten ihres Lebens.

Dass die Rezeptideen des Verlages im kulinarischen Gedächtnis tief verwurzelt sind, beweisen nicht nur die Lieblingsrezepte der Leserinnen und Leser. Autorinnen und Autoren des Verlages ließen es sich nicht nehmen, ihre kulinarischen Erinnerungen beizusteuern. Sogar wer immer schon wissen wollte, was bei Monika Herz oder Petra Kusch-Lück, bei Gunter Böhnke oder Ute Freudenberg, bei Lutz Hoff oder Helga Piur auf den Tisch kommt, wird in diesem Buch fündig. Sie und andere Prominente haben sich mit so manchem Schmeckerchen beteiligt.

Natürlich gilt für sie – wie alle – es ist eine bodenständige Küche, seit Jahrzehnten bewährt, stets geliebt und oft variiert. Dabei siegt im Großen und Ganzen das Regionale. Was allerdings der Neugier auf Neues, Exotisches, Ungewöhnliches nicht im Wege steht.

Kommen Sie mit auf kulinarische Entdeckungsreise in Vergangenheit und Gegenwart, schmecken Sie Kindheitserinnerungen, versuchen Sie Altvertrautes im neuen Gewand … Wir bedanken uns bei unseren Leserinnen und Lesern, Autorinnen und Autoren, bei allen Prominenten, bei unserem Partner, der SUPERillu, für die mediale Unterstützung, aber auch beim Berliner Kurier, nd (Neues Deutschland), bei der Bauernzeitung, der Mitteldeutschen Zeitung … und sagen nun: Guten Appetit.

Wenn nicht anders angegeben, sind alle Rezepte für 4 Personen berechnet.

Ein hausgemachter heißer Eintopf weckt die Lebensgeister (siehe Seite 12)

Aus Topf und Schüssel

Eine gute Suppe hält Leib und Seele zusammen. Das wussten schon die Ahnen der Urgroßmütter unserer Großmütter. Suppe ist nicht einfach eine »Verlegenheitslösung«, wenn man nicht weiß, was man kochen oder mit den Resten der letzten Schlemmerei anfangen soll … Derzeit wird die Methode, alles in einem Topf zu garen, als besonders innovativ gepriesen, dabei ist das eine der ältesten Formen des Kochens. Was es allerdings nicht leichter macht, einen guten Eintopf zu kochen. *Gunter Böhnke*, Leipziger Kabarettist mit Kultstatus, Buchautor und bekennender Sachse, hat da ganz eigene Erfahrungen: *»1978 erwarben wir für unseren 4-Personen-Haushalt einen Schnellkochtopf. Er war ganz neu auf dem Markt und nur mit ›Vitamin B‹ (Beziehungen) zu bekommen. Da ich über eine Zweitwährung (Kabarettkarten!) verfügte, gelang es mir nach mehreren Versuchen tatsächlich, solch ein Technikwunder zu kaufen. Stolz verkündete ich meiner Frau und den Söhnen (9 und 7 Jahre), ich wolle ihn mit einem Eintopfgericht einweihen. Das galt aber nicht nur für den Topf, sondern auch für mich. Ich wusste nur, dass alle Zutaten in einen Topf kamen. Ich kaufte ein und warf 400 Gramm Rindfleisch im Stück, Kartoffeln in der Schale, 12 Möhren, zwei große Kohlrabis und drei Steckrüben ins Wasser. Natürlich auch Gewürze. Nach einer entsprechenden Kochzeit servierte ich alles in der Brühe und in einer Riesenschüssel. Die Kinder wunderten sich über das neuartige Gericht, meine Frau schüttelte den Kopf. Ich habe nie wieder Eintopf gekocht. Aber den Schnellkochtopf haben wir heute noch«.* Ein bewährtes Rezept zur Hand zu haben, ist also immer von Vorteil.

Bigos

Als Kinder freuten wir uns immer sehr auf Silvester, denn dann durften wir endlich einmal bis nach Mitternacht wach bleiben. Allerdings knüpfte meine Mutter die Bedingung daran, dass wir Mittagsschlaf machten, denn sonst würde der Tag für uns wirklich zu lang werden. Widerwillig gaben wir nach, denn dieser besondere Tag im Jahr war einfach zu spannend. Wir legten uns also mittags hin und versuchten, wach zu bleiben, was oft gar nicht gelang.

Zu Silvester gehörte bei uns die Tradition, »Bigosch« zu kochen. Dieser herzhafte Krauteintopf ließ sich in Etappen zubereiten: Im Laufe des Nachmittages und Abends schnitten wir die Zutaten klein, dann wurde alles nacheinander, so genau kam es nicht darauf an, in den Topf gegeben. Ein würziger Duft verbreitete sich über Stunden in unserem Reihenhäuschen und wir konnten es kaum erwarten, den Eintopf zu späterer Stunde gemeinsam zu verzehren. Genau das richtige Gericht für einen Silvesterabend in unserer Familie! *(Elke Cohnen, Autorin)*

Elke Cohnen (rechts) mit ihrer Schwester
und einer Freundin um 1960

500 g Kartoffeln, 100 g durchwachsener Räucherspeck, 500 g Sauerkraut, 3 Äpfel, 2 Zwiebeln, Kümmel, Pfeffer, gehackte Petersilie

Die geschälten Kartoffeln und den Speck in dünne Scheiben schneiden. Den Speck glasig ausbraten, Kartoffeln, Sauerkraut, fein gehackte Äpfel und Zwiebeln sowie die Gewürze schichtweise darauf geben, die oberste Schicht muss Kraut sein. Etwas Speckfett darüber gießen und bis zur Hälfte des Gerichtes siedendes Wasser auffüllen. Auf kleiner Flamme in geschlossenem Topf, ohne umzurühren, bei sanfter Hitze leise köchelnd garen oder besser im auf ca. 180 °C bis 200 °C vorgeheizten Ofen zugedeckt ca. 1 Stunde schmoren lassen, gegebenenfalls in dieser Zeit etwas Wasser oder Brühe nachgießen.

Brennnesselsuppe

*E*benfalls ein sehr altes und wohl ursprünglich aus der Not geborenes Rezept hat
Barbara Modes aus Oberwiesenthal eingereicht. Schon erstaunlich, wie aktuell, natur-
verbunden und gesundheitsbewusst es sich heute liest:

200 g mehligkochende Kartoffeln, 1 EL Butter, 2 Knoblauchzehen,
2 Frühlingszwiebeln, 400 g junge Brennnesseln, 1 l Gemüsebrühe (auch Instant),
etwas süße Sahne oder Kochsahne, Salz, Muskatnuss, Schwarzbrotcroûtons

Die geschälten Kartoffeln in kleine Würfel schneiden und mit den Zwiebeln und
Knoblauchzehen in der Butter anschwitzen. Die gewaschenen, geschnittenen Brennnesseln dazugeben, kurz mit anschwitzen und anschließend mit der Gemüsebrühe
auffüllen. Wenn die Kartoffeln weich sind, alles pürieren. Mit etwas Sahne, Salz und
frisch geriebener Muskatnuss abschmecken.
Mit Schwarzbrotcroûtons bestreut servieren.

Kohlrübeneintopf

*U*m mal wieder Abwechslung auf den Speiseplan zu bekommen, überlegte ich, was lange nicht auf dem Speiseplan stand und schon fast in Vergessenheit geraten ist. Da fiel mir ein, dass es früher Kohlrüben (auch Steckrüben genannt) gab, die aber zu Unrecht als »Arme-Leute-Essen« abgetan wurden. Man kann wunderbar eine Gemüsebeilage, aber auch einen Eintopf davon kochen, was im Winter und an kalten Tagen, ein Genuss ist. Natürlich gekocht mit Rippchen. Ich kauf immer 2 kg Rippchen,

da trotz Dunstabzugshaube, stets ein unwiderstehlicher Duft durchs ganze Haus zieht, und der Schmortopf eine magische Anziehungskraft hat. *(Monika Süß, Hainichen)*

2 kg Rippchen, Salz, Pfeffer, Senf, 3 – 4 große Zwiebeln,
1 Kohlrübe (ca. 750 g – 1 kg), Kümmel, Majoran, Lorbeerblatt, Zucker,
500 g Kartoffeln

Die Rippchen salzen, pfeffern und mit Senf bestreichen und in einem hohen Schmortopf scharf anbraten. Die Temperatur reduzieren und die geschälten Zwiebeln in dünne Scheiben schneiden, mitbraten, bis sie eine schöne Bräune haben. Nach und nach mit bis zu 1 1/2 l heißem Wasser ablöschen und bei geschlossenem Deckel alles ca. 1 1/2 Stunden kochen, bis sich das Fleisch vom Knochen löst. Die Knochen entfernen und das Fleisch herausnehmen und in kleine Stücke schneiden und wieder in den Schmortopf geben.

Die Kohlrübe, die im Norden *Frugge* heißt, schälen und in Würfel schneiden. Mit Salz, Kümmel, Majoran, Lorbeerblatt und einer Prise Zucker kochen. Weshalb Zucker? Weil die Farbe bei jedem Gemüse erhalten bleibt und, wenn man Gemüse brät, wird es karamellisiert. Etwa 15 bis 20 Minuten in Wasser kochen, bis das Gemüse bissfest ist. Die Kartoffeln schälen, in Stücke schneiden und in Salzwasser bissfest garen. Das Kohlrübengemüse mit dem Gemüsewasser zu den Rippchen geben. Die weichen Kartoffelstückchen ohne das Kochwasser ebenfalls dazugeben. Alles nochmal abschmecken und kurz aufkochen lassen. Die gefüllten Teller mit frisch gehackter Petersilie bestreuen.

Tipp: Wer mag, kann mit dem Gemüse auch 1 bis 2 große, in Scheiben geschnittene Möhren und Porreestangen mitbraten. Zum Eintopf knusprig-frisches Bauernbrot reichen.

Dillklump

Mein Lieblingsgericht, das ich hin und wieder zur Freude der Familie zubereite, wenn die Spargelzeit gekommen ist und von dem meine Freundin behauptet, dieses Gericht hätte nur noch ihre Oma so kochen können, fiel mir sofort ein. Heute, da wir Köstlichkeiten aus aller Welt genießen können, da Rezepte von Südamerika bis Fernost die Kochbücher und das Internet füllen, sind uns die Genüsse unserer Kindheit oft zu profan oder zu einfach, um Begeisterung hervorzurufen. Dabei ist es doch ganz gut, dass wir uns an die Gerichte unserer Großeltern erinnern, denn die sind auf jeden Fall regional und nachhaltig. Regional ist Anhalt nicht das typische »Kloßland«, trotzdem wurden hier viele Kloßgerichte (anhaltisch heißt das »Klump«) serviert. Da gab es »Meerrettichklump« (Kartoffelklöße und frisch geriebener Meerrettich), zu dem sich regelmäßig die halbe Nachbarschaft einfand, wenn meine Mutter ihn kochte. Oder den »Ziwwelklump« (Klöße mit Hammelfleisch und reichlich Zwiebeln) und den »Barrnklump« (ein Kartoffelkloß mit Birnen, Zimt und Nelken). Unser Favorit aus dieser Zeit ist: »Dillklump«, eine köstliche Verbindung von Semmelknödeln in einer kräftigen Brühe mit Suppengemüse und Spargel und natürlich frischem Dill.
(Gudrun Baartz, Dessau)

Für die Brühe:

ca. 750 g Rindfleisch (Beinscheibe oder Hohe Rippe), 1 – 2 Markknochen,
1 Suppengrün (Wurzelwerk), ½ Bund Petersilie, 1 Zwiebel, 500 g weißer Spargel,
150 g zarte, junge Möhren, 150 g Tiefkühlerbsen, 1 Bund frischer Dill

Für die Semmelknödel:

8 altbackene Brötchen, 70 g Schweineschmalz, 2 Zwiebeln, ¼ l Milch, 2 Eier,
1 TL Salz, Speisewürze, ca. 125 g Mehl

Beinscheibe und Markknochen waschen, in einen Topf geben und mit Wasser auf-
füllen. Das Suppengrün putzen und grob zerkleinern, zum Fleisch geben und salzen.
Unzerteilte Petersilie und für die Farbe eine ungeschälte Zwiebel dazugeben.
Daraus über mehrere Stunden bei nicht zu starker Hitze eine kräftige Brühe kochen.
Wenn das Fleisch weich ist, alles durch ein Sieb gießen, Fleisch kleinschneiden und
zur Seite stellen. Gesiebte Brühe wieder in den Topf geben.
Spargel schälen und in mundgerechte Stücke schneiden, die Möhren in Scheiben
schneiden, und mit den gefrorenen Erbsen in der Brühe garen. Sobald das Gemüse
gar ist (es kann gern noch etwas bissfest sein) das Fleisch wieder zur Brühe geben
und die Brühe nach Geschmack mit gehacktem Dill verfeinern. Warm halten. Nicht
mehr kochen.
Für die Semmelknödel die Brötchen in Würfel schneiden und in eine Schüssel geben, die ausreichend Platz bietet, um den Teig zu kneten. Schweineschmalz in einer
Pfanne erhitzen und die kleingeschnittenen Zwiebeln darin hellgelb dünsten. Heiß,
samt Fett, über die Brötchenwürfel geben. In der kalten Milch die Eier, Salz und 2
bis 3 Spritzer Speisewürze verquirlen und ebenfalls über die Brötchen gießen. Mit
einem Tuch abdecken und 20 Minuten stehen lassen. Dann das Mehl zugeben und
die Masse sehr gut durchkneten, bis sich Knödel formen lassen. In einem großen
Topf leicht gesalzenes Wasser zum Kochen bringen. Die Knödel einlegen und leicht
köchelnd gar ziehen lassen. Die garen Knödel aus dem Topf herausheben und in
den Suppentopf zum Fleisch und Gemüse geben.

Köstlicher Pilzeintopf

Wir sind als Kinder gern mit unseren Eltern in den Geraer Wäldern Pilze sammeln gegangen. Wir hatten kein Auto, sind mit der Straßenbahn oder dem Bus in den Wald gefahren, hatten Fettbemmen und Getränke mit. Mein Vati war sehr kreativ und kochte einen leckeren Pilzeintopf. Den koche ich heute noch gern, wenn es schnell gehen soll oder beispielsweise Handwerker satt werden müssen. *(Ilona Müller, Schmölln)*

6 große Kartoffeln, 1 Wurzelwerk oder 200 g Tiefkühlsuppengemüse,
1 l Fleisch- oder Gemüsebrühe (Instant), 500 – 750 g frische, gemischte Waldpilze
(alternativ 2 Gläser à ca. 200 g eingeweckte oder gekaufte Pilze),
200 g frische Pfifferlinge oder Konserve (Glas à 100 g),
500 g Hackepeter oder 5 frische Thüringer Rostbratwürste, Salz, Pfeffer,
Paprika, Majoran, Basilikum, Liebstöckel, Sellerie, Petersilie,
bei Bedarf gebräunte Speck- und Zwiebelwürfel

Kartoffeln schälen, waschen und in Stücke schneiden. Wurzelwerk putzen und ebenfalls klein schneiden. Kartoffeln und Gemüse mit Brühe zum Kochen bringen (Tiefkühlgemüse einfach in die kochende Brühe geben). Frische Pilze putzen und zerkleinern, Konserven abgießen. Nach ca. 10 Minuten Kochzeit (Kartoffeln und Gemüse) die Pilze und Gewürze zugeben, Temperatur reduzieren und alles nur noch köcheln lassen. Aus dem Hackepeter bzw. der Füllung der Rostbratwürste kleine Bällchen (Kugeln) formen, in die Brühe geben, umrühren, alles gut durchkochen, fertig. Zum Schluss frisch gehackte Petersilie dazugeben. Wer mag, kann noch in Öl angebratene Speck- und Zwiebelwürfel zur Suppe geben.

Reissalat mit Früchten

Zu meiner »Familie« – eigentlich müsste ich es gar nicht in Anführungsstriche setzen – gehören die Thüringer Schriftstellerinnen und Schriftsteller. Meine Frau und ich arbeiten im Verbandsvorstand mit, und so ein Vorstand muss sich regelmäßig treffen. Wir wohnen recht weit auseinander, also muss immer jemand fahren. Aber eine Autorin sagte, sie habe damit keine Probleme, bei Annels gäbe es immer den schmackhaften Reissalat. (Ulf Annel, Erfurter Kabarettist und Autor)

100 g Basmati-Reis, 100 g Naturreis, 250 g gebratenes Hähnchenfleisch,
1 Apfel, 3 Orangen, 1 Banane, ½ Fenchelknolle, 1 frische rote Paprikaschote,
1 Peperoni (in Essig eingelegt), eingelegter Ingwer (Glas), Salz, Pfeffer,
1 mittelgroße Zwiebel, 2 – 3 EL (Oliven)Öl, 2 – 3 TL Currypulver,
100 g Mandelblättchen

Marinade:
Saft von 1 Zitrone, 4 EL Tomatenketchup, 4 EL Mayonnaise, 2 EL saure Sahne,
Anisschnaps (wahlweise Rum oder Sherry) nach Geschmack

Zuerst die beiden Reissorten gesondert garen. Sie sollen nicht zu weich, sondern bissfest sein. Naturreis kocht deutlich länger als weißer Reis (je nach Herkunft 20 bis 60 Minuten). Den Reis abgießen, sehr gut abtropfen lassen und zur Seite stellen.

Das Hähnchenfleisch – ohne Haut und Knochen – in mundgerechte Stücke schneiden. Apfel waschen, vierteln, vom Kerngehäuse befreien und würfeln. 1 Orange schälen, filetieren und die Stücke nochmals teilen. Fenchel und Paprika putzen und klein schneiden. Etwas Fenchelgrün mitverwenden. Peperoni und Ingwer in Scheiben schneiden.

Alle Zutaten in einer großen Schüssel vermengen. Aus den angegebenen Zutaten eine Marinade bereiten. Das Mischungsverhältnis dem eigenen Geschmack anpassen. Marinade zum Salat geben, vermischen und im Kühlschrank mindestens 1 Stunde durchziehen lassen.

Inzwischen die Zwiebel schälen und sehr fein hacken. Öl in einer Pfanne erhitzen, die Zwiebel glasig andünsten, zuerst 2 TL Currypulver und dann den vorbereiteten Reis zugeben. Gut verrühren, bis der Reis eine gleichmäßig gelbe Farbe angenommen hat. Reis und Obst-Gemüse-Salat vermengen. Abschmecken, eventuell nachwürzen (Salz, Pfeffer, Curry). Zum Abschluss die restlichen 2 Orangen schälen und in Scheiben schneiden, den Salat damit abdecken, Mandelblättchen dazwischen streuen.

Peters Sommersalat

Den Frauenzeitschriften sei Dank!
Ich habe die Küche für mich erobert.
Es war Anfang der 2000er Jahre, als ich
von meiner Schwiegermutter eine dieser
Zeitschriften in die Hand gedrückt bekam,
um sie meiner Frau mitzunehmen. Okay.
Natürlich sind Männer neugierig, also
begann ich plan- und ziellos darin herum-
zublättern. Schließlich wüsste man(n) schon
gern, was frau will … Scheinbar vor allem
kochen. Die bunten Bilder faszinierten mich,
vor allem eines, auf denen ein »in seine
Einzelteile zerlegter« Salat abgebildet war.
Keine Schüssel, in der von allem etwas in
einem wässrigen Dressing sein Dasein fristete,

Peter Smok mit dem Sommersalat

nein, fein säuberlich sortiert, appetitlich und übersichtlich angeordnet, sodass jeder wirklich nur das auf seinen Teller häuft, was er gern isst. Das musste unbedingt probiert werden! Also begab ich mich auf bis dahin eher unbekanntes Terrain: die Küche. Inzwischen ist diese in unserem Haushalt fest in meiner Hand. Ob Omelett oder Entenbraten, Auflauf, Suppen oder Lunch-Boxen – alles kein Problem. Eines habe ich – der Gerechtigkeit wegen – meiner Frau gelassen, backen darf sie, Und der Salat, mit dem alles begann, steht bei uns immer wieder auf dem Tisch, meist in der sommerlichen Grillsaison. *(Peter Stefan Smok, Markranstädt)*

je 250 g weißer und grüner Spargel, Salz, ½ – 1 TL Zitronensaft, ½ TL Zucker,
1 große rote oder orangefarbene Paprika, 1 Salatgurke, 3 Tomaten,
1 Blattsalat (Kopfsalat, auch Lollo Rosso, Endiviensalat oder gemischt),
1 Schale Rucola (100 g), 1 – 2 Zwiebeln, 1 Knoblauchzehe,
2 Becher Kräuterquark (à 200 g), Salz, Pfeffer, ½ TL Paprikapulver (rosenscharf),
½ Bund frischer Dill, einige Zweige frischer Thymian und Rosmarin,
50 g Parmesan (oder mehr), 1 – 2 EL Olivenöl,
nach Belieben gegrillte Hühnerbrust (mundgerecht geschnitten),
gebackene Kartoffelecken

Den weißen Spargel schälen, vom grünen nur das untere Drittel. Wasser mit etwas Salz, einigen Spritzern Zitronensaft und 1 Prise Zucker zum Kochen bringen, zuerst den weißen Spargel kurz aufkochen lassen, sofort die Temperatur reduzieren. Je nach Dicke der Spargelstangen etwa 10 bis 15 Minuten ziehen lassen. Dann herausheben und den grünen Spargel hineingeben. Ebenfalls ohne zu kochen etwa 10 Minuten garziehen lassen. Der Spargel soll noch »Biss« haben. Paprika, Gurke und Tomaten waschen. Paprika putzen und in Streifen schneiden. Gurke (nach Belieben geschält oder ungeschält) und Tomaten in Scheiben schneiden. Salat und Rucola abbrausen und trocken schütteln, etwas zerrupfen. Zwiebeln schälen und in schmale Ringe schneiden. Knoblauch abziehen.
Den Kräuterquark in einer Schüssel verrühren, mit Salz, Pfeffer und scharfem Paprikapulver abschmecken. Die geschälte Knoblauchzehe dazu pressen, die Hälfte des Dills klein schneiden, Thymianblättchen und Rosmarinnadeln abstreifen, alles unter den Quark geben, gut verrühren. Auf einer großen Platte den Salat, Paprika, Gurken, Tomaten und Zwiebeln verteilen, den restlichen Dill darüber streuen. Den vorbereiteten Spargel auf einen weiteren Teller geben, Parmesan nach Geschmack darüber hobeln und mit etwas Olivenöl marinieren. Jeder nimmt sich nach Lust und Laune vom Gemüse, dazu Kräuterquark. Ergänzt wird mit gegrilltem Hühnchen, würzigen Kartoffelecken oder einfach Baguette.

Süße Brotsuppe

*M*eine Mutti, eine gebürtige Schlesierin, war eine sehr gute Köchin, die es selbst in schlechten Zeiten verstand, aus den kärgsten Zutaten etwas Schmackhaftes zu zaubern. Von ihr habe ich viel übernommen: Natürlich zahlreiche Rezepte und Tipps, aber auch das Bemühen, mit dem Essen in der Familie eine gewisse Gemütlichkeit, ein Wohlbehagen zu schaffen, den Spaß, in der Küche etwas Schmackhaftes und auch gut Aussehendes zuzubereiten, und die Freude darüber, wenn es der Familie und den Freunden schmeckt. Die Brotsuppe – allerdings ohne Zitronen, Rosinen und Ei – gab es bei uns in den 1940er Jahren oft zu Hause und wir haben sie gern gegessen. So gesehen, erinnert sie mich an meine Kindheit, und ich konnte meine eigenen Kinder überzeugen, sie ein- oder zweimal (selbstverständlich schon veredelt) zu essen, um zu erfahren, welches unsere »Lieblingsgerichte« in der schlechten Zeit nach dem Krieg waren.
(Christel Barth, Berlin)

In Stücke geschnittenes altbackenes Brot wird in Wasser, dem einige Zitronenscheiben zugegeben werden, weichgekocht und dann durch ein Sieb gestrichen. Danach fügt man etwas Butter, Salz, Zucker sowie 1 Stück Zimtrinde und eine Handvoll gesäuberter Rosinen oder Korinthen, eventuell auch Apfelstückchen hinzu. Wenn nötig wird noch etwas heißes Wasser aufgegossen und die Suppe nochmals kurz aufgekocht. Man kann die Suppe statt mit Wasser auch mit Milch zubereiten und mit einem Ei abziehen.

Mayonnaise

Paula-Elisabeth Fuchs (2. von links) als Leiterin der
Hauswirtschaftlichen Abteilung, Wunstorf 1960

*W*er sein eigenes Dressing zubereiten möchte, sollte diese Variante einer
selbstgemachten Mayonnaise probieren. Sie stammt aus dem Rezeptbuch von
Paula-Elisabeth Fuchs, einer Verlagslegende. 1952 erschien im Leipziger Verlag
für die Frau »Unser Kochbuch«, das in kürzester Zeit 20 Auflagen erreichte.

1 – 2 Eigelb, 1 Prise Salz, 1 Prise Zucker,
1 EL Zitronensaft oder Weinessig, 8 EL Öl

Mit dem Handrührgerät erst auf Stufe 1, dann auf Stufe 2 cremig rühren.

Tipp: Mayonnaise kann verschieden gewürzt und dabei gefärbt werden, mit
Tomatenmark, fein gehackten Kräutern, Senf, Sardellenpaste, Meerrettich,
Rosenpaprika oder Curry.

Camburger Traditionssalat

Das Salatrezept wurde von meiner Familie und ihren Freunden erstmals Ende der 1930er Jahre kreiert. In den Zeiten, wo es in Deutschland wenig gab, hielten die Familien eng zusammen und es wurde auch gemeinsam gefeiert. Da keiner viel hatte, steuerte jeder bei, was vorhanden war. Ob aus dem Garten, als Kleintierhalter oder vom Feld oder Wegesrand aufgelesen, da machte die Not erfinderisch. So entstand ein üppiger Salat, der immer zu gemeinsamen Silvesterfeiern meiner Familie und ihren Freunden auf den Tisch kam und auf den sich jeder freute. Diese Tradition gibt es in meiner Familie bis heute noch. Er war auch zur Hochzeit meiner Eltern 1952 ein Highlight, was mir die ehemaligen Gäste noch Jahre später immer wieder erzählten. Natürlich haben sich im Laufe der Jahre die Zutaten etwas verändert, aber auch die Enkelkinder freuen sich jedes Jahr wieder darauf. *(Marina Peppel, Kassel)*

Die Mit-Erfinder des Traditionssalates – die Großeltern von Marina Peppel (rechts im Bild)

200 g Rindfleisch, 200 g Schweinebraten (Steak geht auch),
200 g Hähnchenfleisch, 200 g Kaninchenfleisch, 200 g Kasseler,
200 g Salami, 200 g Sülze, 200 g Fleischblutwurst. 200 g Fleischwurst,
1 Glas Cornichons, 3 – 4 saure Äpfel, ½ Glas Perlzwiebeln,
1 Becher Fleischsalat (300 g), 1 Flasche Joghurt-Dressing (300 g),
nach Bedarf etwas Gurkenwasser der Cornichons

Das gare, kalte Fleisch in feine, schmale Streifen schneiden. Ebenso Wurst und Gürkchen. Die Äpfel waschen, teilen, Kerngehäuse entfernen und klein schneiden. Alles vermischen, die Perlzwiebeln dazugeben. Fleischsalat und Dressing unterrühren. Ist der Salat noch etwas »trocken«, kann etwas Gurkenwasser oder Flüssigkeit von den Perlzwiebeln zugegeben werden. Je länger der Salat durchzieht, umso besser schmeckt er.

Tipp: Die Zubereitung ist zwar etwas aufwändig, aber wenn viele Hände anfassen, geht es recht schnell. Am besten wird der Salat einen Tag vorher zubereitet, damit er gut durchziehen kann. Dazu schmecken Brötchen, Baguette oder Toast.

Mutters Weihnachtssalat

Dieser Weihnachtssalat war stets ein Weihnachts-Höhepunkt in den »schlechten Zeiten« der 1950er Jahre. Weil es damals einige Zutaten für den Salat im »Osten« (DDR) nicht gab, ist meine Mutter mit mir einmal im Jahr, kurz vor Weihnachten, mit dem Zug nach Westberlin zum Einkaufen gefahren. Das Problem war nur folgendes: Ich war damals zwischen 10 und 13 Jahre alt und musste bei den Fahrten immer eine sogenannte »Knickerbocker-Hose« anziehen. Diese hatte unten im

Beim Picknick mit Freunden

Hosenbein einen Gummizug, um darin die eingekauften Sachen zu verstecken, denn in den Zügen von und nach Berlin wurden durch die Bahnpolizei stets Kontrollen durchgeführt und »Schwarzeinkäufe« eingezogen. Kinder wurden zum Glück in der Regel nicht kontrolliert.

In Jena (Thüringen) angekommen, hat meine Mutter nach Verlassen des Bahnhofes die Sachen aus meiner Hose in ihre Handtasche umgelagert. Das war für mich ein »Befreiungsschlag« – wichtiger als der Weihnachtssalat! (Rüdiger Wolf, Berlin)

je 200 – 300 g Schweine- und Rinderbraten (kalt, auch Bratenreste),
150 g Jagdwurst, 150 g gare Zunge, 150 g gekochter Schinken, 1 Zwiebel, 1 Apfel,
2 Gewürzgurken, 4 – 5 grüne Oliven, 1 Dose Champignons (in Scheiben, ca. 300 g),
1 Bio-Zitrone, 1 Bio-Orange, 1 – 2 EL gehackte Walnüsse, Salz, Pfeffer,
1 TL getrockneter Majoran, ½ – 1 TL frisch geriebene Muskatnuss,
1 Glas Remoulade (250 ml), je ½ Bund Petersilie und Schnittlauch,
2 hart gekochte Eier

Das kalte Fleisch und die Jagdwurst in Streifen, Zunge und Schinken in kleine Würfel schneiden. Zwiebel und Apfel schälen, vom Apfel das Kerngehäuse entfernen. Beides ebenfalls würfeln. Gewürzgurken und Oliven in Scheiben schneiden, Champignons in einem Sieb abgießen und gut abtropfen lassen. Alle Zutaten in einer ausreichend großen Schüssel vermischen. Die Zitrone heiß abwaschen, abtrocknen und die Schale abreiben. Zum Salat geben. Die Orange schälen, weiße Haut und Kerne entfernen und die Orangenspalten halbieren, mit den Nüssen unter den Salat rühren. Dann die Remoulade zugeben. Die Petersilie abbrausen, trocken schütteln, fein hacken, zum Salat geben und alles nochmals gut durchrühren. Jetzt mindestens 1 bis 2 Stunden durchziehen lassen. Vor dem Servieren den Schnittlauch waschen und in Röllchen schneiden, die Eier schälen und in Viertel schneiden und den Salat damit garnieren.

Schwemmklößchen-Suppe

Wenn im Garten das erste zarte selbstgezogene Gemüse reift, ist es Zeit für diese Suppe. Das Rezept dafür habe ich aus dem Fundus meiner Schwiegermutter übernommen und sie steht jedes Jahr mindestens einmal auf dem Tisch. Früher war sie ein »Arme-Leute-Essen« und wurde nur mit Erbsen gekocht. Meine Schwiegermutter hat dann über Jahre mit verschiedenem Gemüse experimentiert. Wir lieben diese Suppe. Sie ist leicht und schmeckt selbst im Hochsommer.

Zum Gemüse gibt es keine exakten Mengenangaben, das, was wächst und reif ist, kommt in den Topf, und sollte es reichlich geworden sein, schmeckt die Suppe auch am Abend.
(Silvia Reinecke, Seehausen)

Salz,
1 Liebstöckelzweig,
ca. 8 zarte, junge Möhren,
2 – 3 junge, kleine Kohlrabi,
1 kleiner Blumenkohl,
200 g Erbsen

Für die Klößchen:
9 Eier,
ca. 370 ml Milch,
ca. 150 g Mehl,
140 g Butter,
1 EL Zucker,
Salz,
1 Bund frische Petersilie

Leicht gesalzenes Wasser in einem ausreichend großen Topf mit Liebstöckel zum Kochen bringen. Temperatur reduzieren, sodass das Wasser nur noch köchelt. Möhren putzen, Kohlrabi schälen, beides klein schneiden, Blumenkohl in Röschen teilen, alles, auch die Erbsen, kurz unter fließendem Wasser abspülen und nacheinander im leise siedenden Wasser gar ziehen lassen. Die einzelnen Gemüse nicht gemeinsam in den Topf geben. Jedes Gemüse hat einen anderen Garpunkt und es soll seinen Biss behalten und kein »Gemüse-Matsch« werden. Das gare Gemüse aus dem Topf nehmen (zum Beispiel in eine Schüssel geben) und warm halten. Den Liebstöckel-zweig entfernen.

Nun für die Schwemmklößchen 6 Eier, Milch und Mehl verrühren. In einem Topf die Butter zerlassen. Die Eiermasse zugießen und bei schwacher Hitze so lange rühren, bis die Masse sich vom Topfboden löst. Diese Brandmasse erkalten lassen. Wenn die Masse lauwarm ist, Zucker und Salz nach Geschmack dazugeben und die rest-lichen 3 Eier unterrühren. Die jetzt entstandene geschmeidige Kloßmasse mit einem Teelöffel abstechen und in die heiße Gemüsesuppe geben. Die Klößchen ziehen lassen, bis sie nach oben steigen. Auf keinen Fall darf das Wasser kochen. Das Ge-müse wieder zugeben, alles noch einmal erwärmen. Zum Schluss abschmecken und mit gehackter Petersilie anrichten.

Heringssalat

*D*as ist noch heute unser Traditionsessen am Weihnachtsabend. Das Rezept dafür haben wir von meiner Großmutter übernommen. Weil es zu Ostzeiten nur Salzheringe gab, wurde es nur zu Weihnachten zubereitet, wegen der aufwändigen Vorbereitungen. Die Heringe zu putzen, war eine Heidenarbeit, dann über Nacht wässern und die ganze Schnippelei. Je mehr Leute, desto mehr Heringssalat. Und – am dritten Tag schmeckte er am besten. Es gab auch immer große Schüsseln voll davon.

Anfang der 1980er Jahre war eine Arbeitskollegin während der Weihnachtstage zu Besuch. Wir unterhielten uns intensiv und merkten erst spät, dass wir von meiner vier-jährigen, ansonsten lebhaften, Tochter nichts mehr hörten. In der Wohnung war sie nicht zu finden, bis wir ein schabendes Geräusch hörten. Wir fanden meine Anna unter dem Tisch, verdeckt von einer großen Tischdecke, im Schneidersitz, die Schüssel zwischen den Beinen und Salat in den Mund schaufelnd. Das Einzige, das sie vermisst, seit sie Vegane-rin ist: mein Heringssalat.

Da es heute Matjes als Filet gibt – sehr bequem – bereite ich den Salat natürlich öfter zu. Und noch etwas zum Schmunzeln. Was hat man für einen Hype um das erste Sushi in Deutschland gemacht. Ich hatte rohen Fisch seit meiner Kindheit. Auch marinierten Hering liebe ich. Kommt wohl davon, dass ich Krebs bin – auch ein Wassertier.

(Petra Döring, Leipzig)

300 g Matjesheringe (Filets), 300 g Jagdwurst,
200 g Gewürzgurken, 200 g Äpfel,
2 Zwiebeln, 1 Gläschen Kapern (ca. 100 g),
40 g Mayonnaise, 2 EL Joghurt,
Salz, Pfeffer, 1 EL Essig, 1 Prise Zucker

Heringe, Jagdwurst, Gewürzgurken und Äpfel küchenfertig vorbereiten und in etwa gleich große Würfel schneiden. Zwiebeln schälen und in Ringe schneiden. Alles mischen, die Kapern etwas hacken, Mayonnaise und Joghurt unterrühren, mit Salz, Pfeffer und etwas Essig (auch Gurkenwasser ist geeignet) und einer Prise Zucker abschmecken. Gut durchziehen lassen.

Für den Heißhunger zwischendurch

In der »guten alten Zeit« war es eine Binsenweisheit: Lieber mehrmals am Tag eine Kleinigkeit essen, als sich bei einer einzigen Mahlzeit den Bauch vollschlagen – und selbst das aufwändigste Menü hielt kleine, appetitanregende »Zwischengänge« bereit. Der Lust auf herzhafte oder auch süße Kleinigkeiten muss man nicht immer widerstehen, solange man die Menge im Blick behält. *Gitte Bach* erinnert sich, dass sie »als Berlinerin – Ostberlinerin oder wie es uns schmackhaft gemacht wurde: Bewohnerin der Hauptstadt der DDR – den einen oder anderen Vorteil genoss. Berliner kannten »Ketwurst« (Currywurst), aber auch »Grilletta« – das Pendant zum Hamburger. Anfang der 1980er Jahre kreierte das »Rationalisierungs- und Forschungszentrum Gaststätten in Berlin« diesen Imbiss. Ein Brötchen mit knuspriger Kruste wurde aufgeschnitten, an den Schnittflächen angewärmt, mit einer Bulette (nicht zu flach) aus Schweinefleisch belegt und mit Chutney oder Ketchup gewürzt. Wobei Chutney immer die bessere Wahl war, denn das wurde frisch zubereitet. Auch Käse oder Scheiben von Gewürzgurken konnte man dazu bestellen«. Also schon in den 1980er Jahren boomte im Osten Deutschlands der »Fast-Food-Trend«.

Noch heute beliebte »Fressmeile« – der Berliner Alexanderplatz

Omelette »Stefanie«

Schön, dass es euch noch gibt, mit den vielen, guten Anregungen ist unsere Kriegs- und Nach-kriegs-Generation in der DDR groß geworden. Ich habe mit den Heften und Büchern vom Verlag für die Frau das Kochen gelernt. Mit dem Heft »Eier Milch« fing 1961 alles an (ich hatte gerade 21-jährig geheiratet). Keines der Hefte durfte fehlen. Heute, inzwischen fast 81 Jahre alt, hüte ich sie wie einen Schatz. Hier eines meiner Lieblingsrezepte, mit dem ich auch vielen Bekannten und Freunden Freude bereitet habe. Das »Omelett Stefanie« kommt zu Geburtstagen auf den Tisch.
(Ingrid Erfurth, Berlin)

Das alte Rezeptheft mit dem Foto für das Omelett

Für 1 Person:

3 Eier, 65 g Zucker, 50 g Mehl, Konfitüre, 1 EL Weinbrand, Puderzucker

Die Eier trennen, das Eigelb mit der Hälfte des Zuckers schaumig rühren. Das Eiweiß zu steifem Schnee schlagen, dabei den restlichen Zucker einrieseln lassen. Eischnee auf die Eigelbmasse geben, das Mehl darüber sieben und alles schnell mit einem Schneebesen vermischen. Nicht zu lange schlagen, damit die Luft im Teig bleibt.

Die Masse in eine flache, gefettete und ausgestäubte Form füllen und im Ofen bei ca. 180 °C etwa 20 Minuten backen. Stäbchenprobe machen (ein ins Ei gestochenes Holzstäbchen muss trocken bleiben, es darf kein Ei mehr daran kleben). Während des Backens die Konfitüre glattrühren (welche Geschmacksrichtung gewählt wird, ist ganz den individuellen Vorlieben überlassen). Besonders schmackhaft wird es, wenn einige Tropfen Weinbrand zugefügt werden.

Nach dem Backen das Omelette mit der Konfitüre bestreichen und zusammenschlagen. Auf eine vorgewärmte Platte gleiten lassen und mit Puderzucker besieben.

Tipp: Mit dem Mehl kann eine Messerspitze Backpulver gesiebt werden, das macht das Omelett noch »fluffiger«.

Sauerkrautkuchen

Die Geschichte dahinter? Ich weiß gar nicht mehr, wo ich das Rezept mal gefunden habe, aber ich mache das schon viele Jahre sehr gerne, und es ist einfach immer ein Erfolg und wird regelmäßig von vielen Leuten nachgebacken. (Jan Neumann, Dresden)

Für 1 Backblech:
1 Packung Blätterteig (FP), 1 Ei,
1 Becher Schmand (ca. 200 g, alternativ Crème fraîche oder saure Sahne),
Salz, Pfeffer, 100 g geriebener Käse,
1 – 2 EL gehackte Kräuter (auch tiefgefroren oder getrocknet),
ca. 250 g – 300 g Sauerkraut, 75 g Schinkenwürfel

Blätterteig aus der Verpackung nehmen, tiefgekühlten auftauen lassen, in Stücke teilen (ca. 12 cm x 8 cm) und auf ein mit Wasser benetztes Blech verteilen. Wird das Blech mit Backpapier belegt, auch das mit Wasser benetzen, so löst sich der Blätterteig später leichter.
Ei und Schmand verrühren, mit Salz und Pfeffer würzen, den Käse unterheben. Das Sauerkraut gründlich ausdrücken, es muss wirklich trocken sein, sonst gelingt der Kuchen nicht. Das so vorbereitete Sauerkraut mit den Schinkenwürfeln mischen. Alles zur Ei-Schmand-Käse-Masse geben, verrühren. Nach Geschmack noch Kräuter zugeben (z. B. Kerbel, Oregano, Thymian). Die Masse auf die Blätterteigstücke verteilen. Den Ofen auf 180 °C (Umluft oder 200 °C Ober- und Unterhitze) vorheizen und den Sauerkrautkuchen ca. 30 Minuten backen.

Buttermilchgetzen nach Oma Johanna

Oma Johanna als junge Frau

Als ich Kind war, kochte über viele Jahre meine Oma Johanna für 7 Personen. Und ich weiß noch, wie sehr ich sie genötigt habe, endlich wieder einmal Buttermilchgetzen zu machen. Ich wunderte mich immer, warum Oma Johanna daraus so »eine große Aktion« machte. Heute weiß ich, dass es ihr schwerfiel, die vielen Kartoffeln zu reiben. Das durfte nur auf einer bestimmten Reibe geschehen. Die Reibelöcher mussten groß genug sein, damit Fasern entstehen und kein Kartoffelmus. Diese Reibe und die dazu gehörige Getzenform habe ich als Erinnerungsstücke in meinen Haushalt übernommen. Bis heute ist Buttermilchgetzen mein Leibgericht. Die Zutaten habe ich immer zuhause.
(Maike Niederhausen, Berlin)

ca. 100 g doppelt geräucherter Speck, 5 große Kartoffeln,
1 große Zwiebel, 500 ml Buttermilch, 1 – 2 TL Salz (kräftig abschmecken),
2 Eier, 1 TL ganze Kümmelkörner

Den Speck in kleine Würfel schneiden und in einer gusseisernen oder emaillierten feuerfesten Form auslassen. Die Speckwürfel sollen schön kross werden. Die Kartoffeln schälen und auf einer nicht so feinen Reibe reiben, die restlichen Zutaten untermengen und die Masse in die Form mit dem Speck geben. Die an den Rand gedrängten Speckwürfel nehme ich zum Teil mit einem Löffel auf und verteile einige über die Masse. Dann die Form in den vorgeheizten Backofen (180 °C, Ober- und Unterhitze) schieben. Der Buttermilchgetzen ist fertig, wenn er oben schön Farbe angenommen hat und die Ränder gut kross sind, so sind sie am leckersten.

Käserolle

(Sandra Neubert, Wolkenstein)

250 g Schnittkäse,
60 g Butter,
3 Ecken Schmelzkäse,
1 EL Senf,
1 Zwiebel,
1 Gewürzgurke,
1 hartgekochtes Ei,
Kräuter,
Salamischeiben

Schnittkäse in einem Gefrierbeutel fest verschließen und ca. 30 Minuten im Wasserbad kochen. Damit kein Wasser in den Gefrierbeutel kommt, am besten den Zipfel im Topfdeckel festklemmen. Käse ausrollen, übrige Zutaten außer Salami mit dem Stab mixen. Die Masse auf dem ausgerollten Schnittkäse verteilen, danach die Salamischeiben auflegen und in Alufolie aufrollen, im Kühlschrank fest werden lassen.

Tipp: Es geht besser, wenn der Käse gleich auf der Alufolie ausgerollt wird.

Speckkuchen

*I*n der DDR gab es nach Bildung der
Volkseigenen Betriebe (VEB), Kollektive
und Freundschaften (und natürlich
auch privat) stets einen Anlass zum
Feiern. Für das Trinken wurde immer eine Möglichkeit gesucht und
gefunden. Mit der entsprechenden
»Grundlage«, dem Essen, war es schon
schwieriger. Wenn man Möglichkeiten
hatte, Eier und Speck zu beschaffen,
waren die Feiern gesichert. Speckkuchen schmeckt zu jeder Tages-
und Nachtzeit. Es gibt zwar viele
Varianten des Speckkuchens (mit
Zwiebeln, gestreckt mit Quark und
mehr), aber bei uns gab es nur eine
anerkannte Zubereitung.
(Egon Leser, Weißenfels)

Egon Leser auf seinem Motorrad

Für den Teig:
250 g Quark, 8 EL Öl, 1 Ei, 1 Prise Salz, ½ Pck. Backpulver,
Mehl (so viel, wie der Teig annimmt)

Für den Belag:
¼ l Milch, 3 EL Mehl, 11 Eier, Salz, Zucker, 500 g durchwachsener Speck,
Semmelbrösel, Kümmel

Den Ofen auf 200 °C (Ober- und Unterhitze) vorheizen.
Für den Teig Quark, Öl, Ei, Salz und Backpulver verrühren und mit so viel Mehl verkneten, dass er nicht mehr an den Händen klebt. Teig im Kühlschrank 20 Minuten
ruhen lassen. Ein tiefes Backblech leicht fetten (oder mit Backpapier belegen). Den
Teig der Blechgröße entsprechend ausrollen, auf das vorbereitete Blech legen und
mit einer Gabel mehrmals einstechen.

Für den Belag zuerst die Milch aufkochen und mit dem Mehl (vorher in etwas kalter Milch angerührt) zu einem dicklichen Brei kochen (vergleichbar Pudding). Abkühlen lassen. Dann 5 Eier sowie je 1 Prise Salz und Zucker in die Masse schlagen und gut verrühren. Auf dem Boden verteilen.

Den Speck in kleine Würfel schneiden und mit etwas Semmelmehl mischen (der Speckkuchen wird dadurch knuspriger) und auf dem Belag verteilen.

Abschließend die verbliebenen 6 Eier in eine Schüssel aufschlagen, mit einer Gabel Eigelb und Eiweiß leicht verrühren (es soll keine homogene Masse werden) und über den Speck geben. Mit Kümmel würzen.

Auf der 2. Einschubleiste von oben etwa 25 Minuten backen. Sobald der Kuchen gut durchgebacken ist, mit Salz bestreuen und heiß servieren.

Tipp: Heute trinkt man zum würzigen Speckkuchen oft jungen Wein oder Federweißer.

Bornaer Zwiebelkuchen

Borna heißt im Volksmund »Zwiebbel-Borne«, denn schon um 1560 wurden hier Zwiebeln angebaut, später auch zentnerweise ins Ausland verkauft. Durch den Braunkohlenabbau mussten die Zwiebelgärtner manches Stück Land räumen, trotzdem bemühte man sich, den guten Ruf der Bornaischen Zwiebel zu erhalten. Im Oktober 1987 gab es anlässlich des »Bornaer bunten Basars« einen Zwiebelmarkt – mit Zwiebelschänke, Zwiebelkuchen, Zwiebelbüchern und Zwiebelsäckchen. Und die Laufgruppe der WSG Borna-Nord, die ich leitete, veranstaltete den 1. Bornaer Zwiebellauf. Bei dem Stundenlauf im Stadion nahm jeder Läufer pro gelaufene Stadion-runde eine Zwiebel von einem großen Haufen, um so seine gelaufenen Runden anhand der Zwiebeln zu zählen. Heute hat der beliebte Bornaer Zwiebellauf

Der Erfinder des Bornaer Zwiebellaufes, gezeichnet von Mario König

über tausend Starter. Dort habe ich zum ersten Mal bewusst Zwiebelkuchen gegessen und da er einfach köstlich schmeckte, mir das Rezept besorgt.
Inzwischen bin ich als Bornaer Zwiebel-Fan so bekannt, dass mich sogar der Bornaer Karikaturist Mario König porträtiert hat. *(Wolfgang Fuchs, Borna)*

Für den ungesüßten Hefeteig:
300 g Mehl, ½ Würfel Hefe, 6 EL Milch, 6 EL Öl, 1 Prise Salz

Für den Belag:
8 – 10 große Zwiebeln, 40 g Margarine, Salz, Pfeffer, Paprika

Das Mehl in eine Schüssel sieben. Eine Vertiefung in die Mitte drücken. Die Hefe mit der handwarmen Milch verrühren und in die Vertiefung geben. Etwas Mehl vom Rand darüber häufeln und den Vorteig abgedeckt, an einem warmen Ort, ca. 20 Minuten gehen lassen. Wenn sich der Teig in etwa verdoppelt hat, das Öl und etwas Salz zugeben und alles zu einem glatten Teig verarbeiten. An einem warmen Platz etwa 60 Minuten gehen lassen. Den Teig zusammenstoßen und nochmals kneten. Dann den Teig auf einer bemehlten Arbeitsfläche ausrollen und auf ein gefettetes Blech legen. Die geschälten Zwiebeln in Ringe schneiden, kurz in der Margarine andünsten und dann auf dem Teig verteilen. Mit Salz, Pfeffer und Paprika bestreuen. Im vorgeheizten Ofen bei Mittelhitze (180 °C) backen, bis die Zwiebeln goldbraun sind.

Sächsisches Speckfett

Nach dem Schwamme (Pilze) sammeln mit Opa war der Hunger immer groß. Zum Glück war Oma auf alles vorbereitet und wartete mit frischen Speckfettbemmchen im Hof, meist unter der umgebauten Futterkrippe. Dazu gab es kühle Limo und es war lecker, gemütlich und sehr einladend. Nicht selten kamen die Nachbarn rüber und der Plausch ging so richtig los. Eine schöne Erinnerung. Schade, dass es das so nicht mehr gibt.
(Jacqueline Peters, Jöhstadt)

5 Zwiebeln, 1 Apfel, 250 g roh geräucherter Schweinespeck (durchwachsen),
2 Stängel Majoran, 2 Stängel Thymian,
500 g Schweineschmalz, Schweinefett oder Schmer

Zwiebeln und Apfel schälen. Die Zwiebeln fein hacken, den Apfel reiben. Den Schweinespeck in kleine Würfel schneiden und in einer Pfanne auslassen. Achtung: Die Speckwürfel dürfen nicht zu dunkel werden, sollen aber schön kross sein. Inzwischen den frischen Majoran und Thymian hacken. Wenn der Speck eine schöne Farbe hat, das Schweineschmalz oder Schmer zufügen. Sobald alles heiß und flüssig ist, die vorbereiteten Zwiebeln, den Apfel und die Kräuter dazugeben.
Mehrere Minuten erhitzen, dabei auf die Farbe achten, das Fett soll leicht gebräunt, aber dennoch hell sein. Sofort in eine vorgewärmte Schüssel füllen und kalt stellen. Frisch gebackenes Brot oder Brötchen mit dem Speckfett bestreichen und schmecken lassen.

Schiebböcker

Käse gehörte zum täglichen Speiseplan meiner Familie und begleitet mein Leben nun schon im siebenten Jahrzehnt. Ich bin Westsachse und wurde Erzgebirger mit Leib und Seele. Ich durchstreife diese einmalige Kulturlandschaft – Untertage und Übertage – mit Begeisterung. Die Landschaft und die Auseinandersetzung mit der Natur und ihren Schätzen prägten die Menschen und ließen hervorragende, einfache und schmackhafte Speisen entstehen, was meine Leidenschaft fürs Brotbacken und das Käsen erklärt. Käse aus dem Erzgebirge? Ja! Einer dieser geschichtsträchtigen Käse ist der »Schiebböcker«. Der hat seinen Namen von den Schiebböcken und den Schiebböckern. Die Händler des schmackhaften Kochkäses brachten ihn auf einer Art Schubkarre von Ort zu Ort und verkauften ihn teilweise auch gleich vom Bock aus.

Jürgen Geißlers Sohn Lutz 1987 beim Backen. Heute ist er bekannt als »Brotpapst«.

Die Händler selbst bekamen alsbald den Namen Schiebböcker. Der Käse soll auf diese Weise sogar bis nach Leipzig und zur Messe gelangt sein. Seit Jahren steht diese regionale Spezialität häufig bei uns auf dem Tisch, wird gerne verschenkt und ebenso gerne gegessen, in dicke Scheiben geschnitten, mit etwas Butter oder Leinöl, auf gut abgelagertem Bergmannsbrot – einem von mir selbst kreierten Weizen-Roggen-Sauerteigbrot. Dazu gibt es frische Zwiebelringe und selbst eingelegte saure Gurken sowie ein gutes Bier aus dem Erzgebirge, gern alkoholfrei. Ein Genuss! *(Jürgen Geißler, Leipzig)*

Sehr zum Wohl – Familie und Verwandtschaft an der festlichen Tafel

400 g Gelbkäse (Magerkäse, auch Harzer Käse), 200 g Camembert (45 % Fett i. T., ohne Rinde), 100 g Butter, 150 ml helles Bier (auch alkoholfrei), Pfeffer, Kümmel, geröstete Zwiebeln

Gelbkäse und den vom Edelschimmel befreiten Camembert in kleine Würfel schneiden. Inzwischen die Butter bei geringer Hitze in einem Topf schmelzen und das Bier zugeben. Jetzt den Käse in die Flüssigkeit geben und schmelzen lassen. Die Mischung ständig mit einem Holzlöffel leicht umrühren. Nachdem sich eine einheitliche Käsemasse gebildet hat, die Hitze reduzieren, mit frisch gemahlenem schwarzen Pfeffer, Kümmel und gerösteten Zwiebeln kräftig abschmecken. Den Käse in einen Keramiktopf füllen, abdecken und kühl gestellt mindestens einen Tag reifen lassen.

Tipp: Im Original ist dieser erzgebirgische Kochkäse ohne Röstzwiebeln, aber ich mag den würzigen Geschmack, den die Zwiebeln ihm geben.

Mutzkugeln

*D*urch unseren Garten streifen oft Rehe, besonders im Schnee sah man ihre Spuren. *Auch ein Mutz wurde beobachtet und fachgerecht gefangen, wie die Legende erzählt. Schöne Stücke davon findet man dann am Mutzbraten-Grill. Für kleine Stückchen gibt es dieses besondere Rezept. (Marion Nestler, Gera)*

Marion Nestler mit den schön angerichteten Mutzkugeln

2 Zwiebeln, 1 EL Butter, 500 g Mutz (Gehacktes halb und halb), Salz, Pfeffer, 1 Ei, ½ altbackenes Brötchen, Majoran, Spießbratengewürz (FP)

Zwiebeln schälen und fein würfeln und in etwas Butter anbraten. Hackfleisch mit Salz und Pfeffer würzen, mit Ei, dem eingeweichten, ausgedrückten Brötchen, den Zwiebelwürfeln, Majoran und Spießbratengewürz gut vermengen. Kugeln aus der Masse formen, etwas flach drücken und in Butter anbraten. Später auf dem Grill und in fröhlicher Gemeinschaft die Mutzkugeln nochmals braten.

Tipp: Für den größeren Hunger gibt es dazu Kartoffelsalat oder Bratkartoffeln, gern auch Kartoffelbrei und Sauerkraut.

Beefsteak mit Käse

*D*as Beefsteak-Rezept habe ich von einer ehemaligen Kollegin, aber das ist schon so lange her, dass ich nicht mal mehr den Namen der Kollegin weiß. Die Variante mit dem Kartoffelbrei ist von mir. Ich hatte von einem Gericht noch Brei übrig, und da ich noch Genießbares nicht gern wegwerfe, ist mir diese Variante eingefallen. Ich bin zwar keine tolle Köchin, aber ein paar Besonderheiten mag ich eben. *(Karin Nerger, Dresden)*

1 große Zwiebel, 1 – 2 Knoblauchzehen, 300 g Schnittkäse (Gouda, Butterkäse, Edamer), 500 g Hackepeter, 1 Ei, geriebene Semmel (für Teig und Panade), Hackfleisch- oder Tsatsiki-Gewürz, Salz, Pfeffer, Fett zum Braten

Zwiebel und Knoblauch schälen. Über die Knoblauchmenge entscheidet allein der Geschmack. Knoblauch durchpressen, Zwiebel und Käse mit Hilfe einer Küchenreibe zerkleinern. Hackepeter, Ei und Gewürze dazugeben, außerdem so viel geriebene Semmel, dass der Teig formbar wird. Alles gut durchkneten, Beefsteaks formen, in geriebener Semmel wälzen und braten.
Diese Beefsteaks schmecken wegen des Käses am besten warm!
Tipp: Statt des Hackepeters kann Kartoffelbrei (zum Beispiel ein Rest) als Basis verwendet werden. Dieser darf nicht zu feucht sein, eventuell restliche Flüssigkeit ablaufen lassen (am besten 30 Minuten vorher in ein Sieb legen), und noch etwas geriebene Semmel zugeben. Ansonsten wie beschrieben zubereiten.

Pizza

*I*n den sogenannten »Krusta-Stuben«, speziell rund um den Berliner Alexanderplatz, konnte man seinen Heißhunger stillen. Im Mai 1976 öffnete hier die erste Gaststätte mit dem extra erfundenen Kunstnamen für diese Eigenkreation junger Köche, die sie auf der »Messe der Meister von Morgen« vorstellten. »Krusta« sollte das Gegenstück zur italienischen Pizza werden, die viele DDR-Bürger aus dem West-

fernsehen kannten. Irgendwie war sie eine krude Mischung aus Thüringer Zwiebel- und Speckkuchen sowie italienischer Pizza. Beliebt war sie dennoch. Später habe ich dann in einer Publikation des Leipziger Verlages für die Frau ein Rezept gefunden, nach dem Pizza bei uns bis heute zubereitet wird. *(Gitte Bach, Berlin)*

Für den Teig:
500 g Mehl, 1 Würfel frische Hefe, 2 EL Öl, 1/4 l lauwarmes Wasser, Salz, etwas Öl

Für den Belag (wahlweise):
1 Tomatenscheiben, grob gemahlener Pfeffer, Oregano, Thymian, Reibekäse, Basilikum

2 Tomatenmark, fein gehackte Knoblauchzehe, Salamischeiben, Pfefferfrischkäse, evtl. einige Butterflöckchen

3 Tomatenmark, Kasslerfleischscheiben, blättrig geschnittene Champignons, Reibekäse

4 Tomatenscheiben, Zwiebelringe, frische Gartenkräuter, Kräuterfrischkäse

Für den Pizza-Boden das Mehl in eine Schüssel sieben, in die Mitte eine Vertiefung drücken und die in etwas lauwarmem Wasser aufgelöste Hefe hineingeben. Von den Seiten etwas Mehl darüber geben und 10 Minuten an einem warmen Ort gehen lassen. Danach den Vorteig mit Öl, Salz und dem restlichen Wasser vermengen und gut durchkneten. Weitere 30 Minuten gehen lassen. Den gut aufgegangenen Teig in 4 Stücke teilen und jeweils zu einem Boden von ca. 20 cm Durchmesser und etwa 3 mm Dicke ausrollen. Immer zwei Platten auf ein mit Backpapier belegtes Blech legen, dünn mit Öl bepinseln und nach eigenen Vorlieben (oder obigen Vorschlägen) belegen. Im gut vorgeheizten Ofen (Ober- und Unterhitze mindestens 200 °C) 12 bis 15 Minuten backen.

Pikantes Leberwurst-Stullchen nach Kurt Drummer

Als Leipzigerin bin ich nach meinem Studium 1977 nach Greifswald gezogen. Vom Kochen hatte ich so gar keine Ahnung trotz Oma Grete, die gelernte Köchin und Gaststätteninhaberin war. Deshalb schaute ich gern die Kochsendung mit dem Fernsehkoch Kurt Drummer. Er zauberte schmackhafte Gerichte mit Zutaten, die es zu kaufen gab. In der Regel waren die Rezepte auch nicht zu kompliziert. So überraschte

ich meinen Mann, der durch die sehr guten Kochkünste von Mutter und Schwiegermutter sehr verwöhnt war, eines Abends mit dem »pikanten Leberwurststullchen«. So einfach, so schnell zubereitet und doch so schmackhaft. Wir essen es noch immer gern und inzwischen verlangt auch unser 11-jähriger Enkel danach. Danke, Kurt Drummer, Sie waren wirklich ein toller, geerdeter Fernsehkoch.
(Silke Krasselt, Greifswald)

Zum Geburtstagskaffee bei Oma Grete

Für 1 Person:

1 Scheibe Schwarzbrot, 1 dicke Scheibe Leberwurst, Senf, Ketchup, Majoran oder Oregano (getrocknet), 1 Ei, Margarine zum Braten, 1 – 2 Gewürzgurken

Das Schwarzbrot mit Ketchup bestreichen, danach dick mit Leberwurst und anschließend dünn mit Senf. Mit Majoran oder Oregano würzen. Ein Spiegelei in der Pfanne braten und die Stulle damit belegen. Mit 1 bis 2 kleinen Gewürzgurken servieren.

Schmeckerchen aus der Tasse

Großer Beliebtheit erfreut sich seit den 1960er Jahren bei einer kleinen Familienfeier abends der von mir kreierte und »Aus der Tasse« genannte kleine Imbiss – etwas Warmes, das sich gut vorbereiten lässt. (Irmgard Noeske, Potsdam)

Pro Person (Tasse):
Fett für die Tasse, ca. 100 g Hackfleisch (gemischt oder nur Rind),
1 Ei, Salz, Gewürze nach Belieben

In eine gefettete, feuerfeste Tasse kommt das ganz nach Geschmack und vor allem gut gewürzte Hackfleisch, kalt stellen. Kurz vor dem Essen ein Ei darauf schlagen, etwas Salz oder Rühreigewürz zugeben. Im Backofen die Tasse(n) so lange erhitzen, bis das Ei gestockt ist. Man isst den kleinen Imbiss umgestürzt vom Teller oder gleich aus der Tasse.

45

Gulasch ist immer eine gute Idee (siehe Seite 56)

Geschmort, gebraten und gesotten

Oft ist zu lesen, dass die traditionelle deutsche Küche ausgesprochen »fleischorientiert« sei. Da wird gekocht, gebraten, geschmort, überbacken, gegrillt, kurzgebraten oder über Stunden gegart. Schwein, Rind, Lamm, Geflügel, Wild, Kaninchen und vieles mehr kamen und kommen aus den Töpfen und Pfannen auf die Tische. Fleisch muss sein! *Eva Rißmann aus Hoyerswerda* erinnert sich bis heute an den ersten Besuch ihres zukünftigen Mannes in ihrem Elternhaus: *»Als meine Mutter ihre Pilzbohnen auf den Tisch stellte und guten Appetit wünschte, fragte er mich ganz leise, ob es dazu kein Schnitzel gäbe. Ich hatte zwar von Pilzbohnen erzählt, aber für ihn als Fleischesser war das nur eine spezielle Beilage. Beim nächsten Mal hat meine Mutti dann ein Schnitzel für ihn gebraten!«*

Allerdings – und das wird gern vergessen – Fleisch war eine Speise für Sonn- und Feiertage, für besondere Anlässe und keinesfalls alltäglicher Bestandteil des Speiseplanes. Erst Ende der 1950er, Anfang der 1960er Jahre sollte sich das ändern. Der Konjunkturaufschwung im »Westen« hatte auch auf die Essgewohnheiten seine unübersehbaren Auswirkungen. Während im Osten Deutschlands noch bis 1958 mit Lebensmittelkarten eingekauft werden musste, lockten im anderen deutschen Staat vielfältige Angebote in den Auslagen der Schaufenster. Lebensmittel schienen davon noch am ehesten erschwinglich. Laut Erhebungen des statistischen Bundesamtes (Bundesrepublik Deutschland) gab ein vierköpfiger Haushalt immerhin 46 Prozent seines Nettoeinkommens für Nahrungsmittel aus.

Pikant gefüllter Hackbraten

*I*n meinem Bücherregal stehen nicht nur
»Wir kochen gut« und »Wir backen selbst«,
in den 1960er Jahren vom Verlag für die Frau
herausgegeben und auch sichtbar gut genutzt,
sondern zahlreiche weitere Koch- und Back-
bücher, auch mit Rezepten aus vielen anderen
Ländern. Außerdem habe ich sehr viele Rezepte aus Zeitungen und Zeitschriften gesammelt. Besonders beliebt waren die regelmäßig
in der »Berliner Zeitung« veröffentlichten
Rezepte des Chefkochs vom Weinrestau-
rant »Ganymed«, von denen eine ganze
Anzahl in meinen regelmäßigen Speiseplan
eingegangen ist. Dieses Rezept fand ich in
der »Pramo« – ja auch Modezeitschriften
veröffentlichten Kochrezepte – und mein
Mann sowie die Kinder aßen den Hackbraten besonders gern.
(Christel Barth, Berlin)

2 altbackene Brötchen, etwas Milch, 1 Zwiebel, 300 g Hackfleisch, 2 Eier,
½ – 1 Bund frische Petersilie, Salz, Pfeffer, ½ TL Majoran, 3 – 4 EL Paniermehl,
50 g Reibekäse, Butterflöckchen

Für die Füllung:
1 Zwiebel, 2 EL Butterschmalz oder Margarine, 1 Tasse Reis,
2 Tassen Fleischbrühe (auch Instant), ½ Sellerieknolle, ½ Stange Lauch (Porree),
1 mittelgroße Möhre, 2 EL Tomatenmark, 1 TL Currypulver

Die Brötchen eventuell grob zerteilen und in Milch einweichen (sie sollen gerade
mit Milch bedeckt sein). Zwiebel schälen und fein hacken. Das Hackfleisch mit
2 Eiern, der Zwiebel und den sehr gut ausgedrückten Brötchen vermischen. Mit Salz
und Pfeffer würzen und mit Majoran abschmecken.
Die Petersilie waschen, trocken schütteln und kleinschneiden. Zur Hackfleischmasse
geben.

Für die Füllung ebenfalls 1 Zwiebel schälen und in feine Würfel schneiden. In wenig Fett andünsten, sobald sie glasig sind, den gewaschenen Reis zugeben und mit kochender Brühe auffüllen. Gemüse putzen und in kleine Streifen oder Würfel schneiden, zum Reis geben und alles etwa 30 Minuten bei geringer Temperatur garziehen lassen. Mit Tomatenmark und Curry abschmecken.

Eine Auflaufform mit dem restlichen Schmalz einfetten, die Hälfte der Hackfleischmasse hineingeben, die Fülle darüber verteilen und mit dem Rest der Hackfleischmasse bedecken. Etwas Paniermehl sowie den geriebenen Käse darüber streuen und mit Butterflöckchen besetzen. Gericht ca. 30 Minuten bei 200 °C (Ober- und Unterhitze) überbacken.

Tipp: Hackbraten in Scheiben schneiden und zu Bratkartoffeln oder Tomatenreis servieren. Schmeckt auch kalt auf Brot und zu einem frischen Salat.

Kohlroulade

D*ieses Rezept stammt von der hier abgebildeten* *Emma Bertha Skoniezki (1895 – 1926) aus Bran-*
denburg, die als Köchin bei einer herrschaftlichen
Familie arbeitete. Sie führte ein handschriftliches
Kochbuch, das in der Familie Schadock-Skoniezki
bewahrt und von Monika Schadock aus altdeut-
scher Schrift für den heutigen Gebrauch übersetzt
wurde.

750 g Weißkohl (8 große Blätter),
375 g Hackfleisch (halb und halb),
1 TL Salz, 1 TL Kümmel, etwas Pfeffer,
½ altbackenes Brötchen, 1 EL Fett,
1 EL Mehl

Die großen Kohlblätter vorsichtig vom Strunk abschneiden, waschen, überbrühen,
in ein Sieb oder einen Durchschlag geben und mit kaltem Wasser abschrecken. Das
Gehackte mit Pfeffer, Salz und Kümmel würzen, das eingeweichte und ausgedrückte Brötchen zugeben und alles glatt verrühren. Dann die Fleischmasse auf die gut
abgetropften Kohlblätter verteilen. Diese straff aufrollen und mit einem weißen
Baumwollfaden fixieren. In 1 l heißem Wasser ansetzen und garen. Abschließend
die Brühe mit einer braunen Mehlschwitze sämig binden.

Gefüllte Kammscheiben auf Sauerkraut

(Marina Schulz, Guben)

Marina Schulz (links) mit Freunden

1 ½ – 2 kg frisches Kammstück, ca. 6 – 8 mittelgroße Gewürzgurken, 3 Zwiebeln, Senf, Pfeffer, Salz, Ketchup, 1 Pfund Sauerkraut, 1 Dose Ananasstücke

Kammstück in Scheibenbreite zu ca. zwei Drittel einschneiden, die entstandenen Zwischenräume salzen, pfeffern und mit Senf bestreichen. Gurken in Scheiben, geschälte Zwiebeln in Ringe schneiden. Zwiebelringe und Gurkenscheiben in den Zwischenräumen verteilen. Mit dem Garn zweimal längs fest umwickeln, verknoten. Alles rundum mit Ketchup bestreichen.

Einen Bratschlauch länger als das Kammstück zuschneiden. Sauerkraut, Ananasstücke und etwas Ananassaft darin verteilen. Das Kammstück in den Schlauch auf die übrigen Zutaten legen und den Schlauch an beiden Enden fest zubinden. Dann auf ein Backblech legen und bei Ober- und Unterhitze auf der mittleren Schiene bei 180 °C ca. 1 1/2 Stunden garen.

Dazu passt Reis oder einfach Baguette.

Tipp: Nach ca. 10 Minuten, wenn der Schlauch sich aufgebläht hat, mit einer Rouladennadel mehrmals einstechen.

Königsberger Klopse

*L*ausitzer Charme mit einem Hauch Spreewald und schlesischer Tradition verbinden meine Familien. Meine Mutter (94) und meine Schwiegermutter (95) sowie die Erfahrungen ihrer Mütter waren sehr gute Lehrmeister für mich. *(Gudrun Przybyl, Cottbus)*

Die beiden Köchinnen: links Frau Martha Przybyl
(95-jährig), rechts Frau Dora Döbeler (94-jährig)

Für 8 Personen
1 ¾ l Rinder-, Kalbs- oder Gemüsefond, 1 Wurzelwerk (Suppengrün),
2 Lorbeerblätter, 5 Senfkörner, ½ TL Piment, 3 – 4 Zwiebeln, 1 – 2 Gläser Anchovis,
2 – 3 weiße Brötchen, etwas Milch, 5 Bio-Zitronen, 1 ½ kg Kalbshack,
350 g Schweinehack (zweimal beim Fleischer durchdrehen lassen),
1 Bund glatte Petersilie, 3 Eier, Salz, Pfeffer, 2 TL mittelscharfer Senf,
1 ¼ l Schlagsahne, 100 ml Weißwein, 2 Gläser Kapern

Gemüsefond mit geputztem und zerkleinertem Wurzelwerk, Lorbeerblättern, Senf-
körnern und Piment 20 bis 30 Minuten gut durchkochen, durch ein Sieb abgießen
und den Fond für die Klopse nutzen.
Die geschälten Zwiebeln und Anchovis (Menge dem eigenen Geschmack anpassen)
pürieren; Brötchen sehr klein schneiden und in Milch einweichen. Die Zitronen heiß
abwaschen, trocken reiben und die Schale abreiben. Fleisch, Petersilie (klein ge-
hackt), Zitronenschale, Eier und ausgedrückte Semmeln gut durchkneten. Mit Salz,
Pfeffer und Senf gut abschmecken. Kleine Klopse formen.
Vorbereiteten Fond zum Simmern bringen (nicht kochen!). Klopse nach und nach
darin gar ziehen lassen (etwa 10 bis 15 Minuten), bis sie nach oben steigen. Die
fertigen Klopse herausnehmen, warm halten und die nächsten garen, bis alle Klopse
fertig gegart sind. Den Fond durchsieben, mit Sahne und Wein kurz aufkochen urd
dann ca. 3 Stunden bei niedriger Temperatur köcheln lassen. Die Sauce dickt dabei

ein. Gegen Ende die Kapern zugeben und ca. 30 Minuten mit durchziehen lassen. Zum Schluss die Klopse wieder zugeben, etwa 15 Minuten alles erwärmen. Mit frisch gepresstem Zitronensaft und etwas Zucker abschmecken.

Schweinefilet im Speckmantel

*M*ein Lieblingsgericht habe ich von meinem Freund Gerd Kastenmeier, Gourmet-koch aus Dresden, gelernt. Meine Familie freut sich immer, wenn ich es koche.
(Claudius Dreilich, seit 2005 Sänger der Band Karat; sein Vater Herbert Dreilich sang vor ihm bei Karat)

800 g Schweinefilet,
8 Scheiben Bauchspeck,
4 mittelgroße Zwiebeln,
150 g Butter, 1 – 2 EL Öl,
300 ml dunkles Bier,
600 g große, mehlige Kartoffeln,
Salz, 100 ml Milch,
1 EL saure Sahne, Pfeffer, Muskat,
300 ml Bratenfond,
1 EL Senf,
1 Bund Blattpetersilie
(grob geschnitten)

Schweinefilet in Medaillons schneiden, mit Bauchspeck umwickeln, scharf von bei-den Seiten in einer Pfanne anbraten. Herausnehmen.
Zwiebeln in Streifen schneiden, mit etwas Butter und Öl in der gleichen Pfanne goldgelb braten. Drei Viertel der Zwiebeln aus der Pfanne nehmen, den Rest mit dem Bier ablöschen und zur Hälfte reduzieren.
Kartoffeln schälen, in Salzwasser kochen, mit den Zwiebeln, Milch, saurer Sahne und restlicher Butter grob stampfen und mit Salz, Pfeffer und Muskat abschmecken. Bratenfond zum reduzierten Bier geben, Senf einrühren und Filets bei milder Hitze 12 Minuten darin ziehen lassen. Stampf mit Petersilie verfeinern. Anrichten.

Rinderrouladen nach Mutters Art

(Elvira Grudzielski, Oberweißbach)

Oma hilft beim Dünnerklopfen der Rouladen

4 Rouladen à ca. 150 g vom Rind (alternativ Schwein), 1 EL mittelscharfer Senf,
Salz, Pfeffer, 4 – 8 Streifen von Gewürzgurken (aus dem Glas),
4 dünne Scheiben Speck, 2 kleine Zwiebeln, 2 EL Butter,
1 TL brauner Saucenbinder oder Mehl

Die Rouladen waschen, mit Küchenkrepp trocknen. Ist das Fleisch zu dick, mit
einem Fleischklopfer etwas dünner klopfen. Am besten vor dem Klopfen Frischhaltefolie auf das Fleisch legen. Die Rouladen nebeneinander ausbreiten, jede mit
etwas mittelscharfem Senf bestreichen, mit Pfeffer und Salz würzen. Danach Gurken-
streifen, je eine Scheibe Speck und einige Zwiebelringe auf jede Roulade legen,
diese anschließend zusammenrollen und das Fleisch fixieren.
In einer Bratpfanne Butter auslassen, darauf ein wenig Salz streuen, damit das Fett
nicht spritzt. Die Rouladen in das heiße Fett legen und kurz von allen Seiten anbraten, damit sich die Fleischporen schließen und das Fleisch Farbe annimmt. Den Rest

Zwiebeln mit in das heiße Fett geben und mit anbraten, dadurch bekommt der Sud für die spätere Sauce eine etwas dunkle Farbe. Nach dem Anbraten mit Wasser ablöschen. Die Bratpfanne in den vorgeheizten Ofen (ca. 130 °C Ober- und Unterhitze) schieben und ca. 2 bis 2 1/2 Stunden schmoren, bis das Wasser fast eingekocht ist und die Rouladen eine schöne braune Farbe haben. Die Pfanne aus dem Ofen nehmen, die Rouladen auf einen Teller legen und in den ausgeschalteten Ofen zum Warmhalten stellen. Zum Schluss die Sauce mit Soßenbinder zubereiten oder einfach althergebracht mit Mehl andicken.

Tipp: Für mehr Personen kann man die Zutaten zum Füllen der Rouladen auch in Würfel schneiden.

Aschebrätel

*D*as war ein Essen der Fabrikarbeiter in der Porzellanherstellung, als es noch kohlebefeuerte Öfen gab. Damals wurden die Kammscheiben einzeln in Pergamentpapier verpackt, dann dick in angefeuchtetes Zeitungspapier eingewickelt. Gegart wurden die eingepackten Fleischstücke in der Asche der Brennöfen, wenn die Asche am Abkühlen war. Nach Abkühlung der Brennöfen wurden die Brätel herausgenommen, ausgepackt und verzehrt. Aber auch im Backofen gebacken wie im nachfolgenden Rezept werden Rostbrätel einfach lecker.
(Doris Födisch, Bobeck)

Doris Födisch als Köchin in der Küche des Kindergartens Bobeck

4 – 6 mittelgroße Zwiebeln,
4 – 8 Schweinekammscheiben (Rostbrätel),
2 – 4 EL Senf, Salz, Pfeffer,
1 Flasche helles Bier (Pilsner)

Zwiebeln schälen und in nicht zu kleine Würfel schneiden, eine erste Schicht auf dem Boden eines passenden Bräters verteilen. Die Kammscheiben mit Senf von beiden Seiten einstreichen und auf die Zwiebelwürfel legen, salzen und pfeffern. Eine weitere Schicht Zwiebeln darauf geben. Dann mit so viel Bier auffüllen, dass die Brätel halb bedeckt sind. Bräter zudecken und im Ofen bei 170 bis 200 °C (Unter- und Oberhitze) ca. 1 ½ bis 2 Stunden garen.

Gulasch à la Roland

Kleine Anekdote: Mein Mann Roland hat dieses Gericht vor einigen Jahren für eine Fernsehsendung im RBB »kreiert« und gekocht. Seit dieser Zeit gehört es, egal zu welcher Jahreszeit, tatsächlich zu unseren ganz persönlichen »Köstlichkeiten«.
(Petra Kusch-Lück, Moderatorin, und Roland Neudert, Sänger)

Für das Gulasch:

ca. 50 g Butterschmalz, 3 Knoblauchzehen, 4 Zwiebeln, 1 Stück Sellerie, 1 Möhre, 800 g Rindergulasch, 1 EL Mehl, 750 ml Fleischbrühe (Instant) oder Rinderfond

Für das Sauerkraut:

500 g Sauerkraut (am besten frisch vom Fass, aber auch FP), 2 Möhren, 1 Zwiebel, 1 Lorbeerblatt, 1 TL Kümmel, 3 – 4 Wacholderbeeren, 2 Kartoffeln (geschält), Salz, Pfeffer, etwas Zucker, 3 Scheiben Schweinebauch

Für die Kartoffelpuffer:

6 mittelgroße Kartoffeln (festkochend), 1 Zwiebel, 2 Eier, 1 TL Salz, (Raps)Öl zum Braten der Puffer

Butterschmalz in einer Pfanne erhitzen. Inzwischen das Gemüse putzen und klein schneiden. Zwiebeln und die Knoblauchzehen sowie Sellerie und Möhre in heißem Fett anrösten, bis alles goldbraun ist. In eine Schüssel geben.
Gulasch waschen und mit Küchenkrepp trocknen. Ungewürzt, in kleinen Portionen, im heißen Schmalz anbraten. Falls nötig noch etwas Butterschmalz hinzugeben. Das Fleisch muss in der Pfanne ausreichend Platz haben, um rundum Farbe anzunehmen und knusprig zu werden. Erst dann kommt die gesamte Fleischmenge in einen ausreichend großen Topf. Etwas Mehl über das angebratene Fleisch streuen und Zwiebeln, Knoblauch und Gemüse zugeben. Mit Brühe auffüllen. Mit geschlossenem Deckel bei schwacher Hitze ca. 2 1/2 Stunden schmoren. Zwischendurch mehrmals vorsichtig umrühren und eventuell Brühe nachgießen. Das Fleisch soll immer bedeckt sein. Erst zum Schluss mit Salz und etwas Pfeffer würzen.
Während das Gulasch schmort das Sauerkraut zubereiten. Zuerst mit kaltem Wasser abspülen, dann mit so viel Wasser in einen Topf geben, dass es eben bedeckt ist. Möhren und Zwiebel schälen und halbieren. Lorbeerblatt, Kümmel und Wacholderbeeren zugeben. Das Kraut zugedeckt ebenfalls mindestens 2 Stunden köcheln. Darauf achten, dass es immer mit Wasser bedeckt ist. Zum Ende der Garzeit das Kochwasser abgießen, Zwiebeln, Lorbeerblatt und Wacholderbeeren entfernen. Die Möhren in Scheiben schneiden. 2 rohe Kartoffeln reiben und unterrühren, zuletzt

die Möhrenscheiben zugeben. Mit Salz, Pfeffer und eventuell Zucker, je nach Geschmack, würzen.

Den Schweinebauch fein würfeln und in einer Pfanne auslassen, bis er kross ist. Zuletzt unter das Sauerkraut mischen, das so eine besondere Note bekommt.

Dazu gibt es Kartoffelpuffer: Diese sollten nicht zu groß und nicht zu klein sein, um alles gut darauf anrichten zu können. Für die Puffer die Kartoffeln und die Zwiebel schälen, waschen und mit der Hand reiben. In die Masse die Eier aufschlagen und kräftig mit Salz würzen. Alles gut miteinander vermischen. Ausreichend Rapsöl in einer Pfanne erhitzen und die Teigmasse, je nach gewünschter Größe, mit einer Schöpfkelle dazugeben. Von beiden Seiten ca. 4 Minuten braten, bis der Puffer goldbraun und schön knusprig ist. Kartoffelpuffer auf einen Teller geben, in der Mitte das Gulasch anrichten und am äußeren Rand, rund um den Kartoffelpuffer, findet das Sauerkraut seinen Platz.

Tipp: Die gebratenen Kartoffelpuffer auf Küchenkrepp legen, um sie etwas zu »entfetten«. Sollte Teigmasse übrigbleiben, gibt es bei uns am nächsten Tag kleinere Kartoffelpuffer mit Räucherlachs und Schmand.

Rippchen mit Barbecue-Sauce

*A*ls bekennende »Freestyle-Köchin« koche ich nie nach Kochbuch, sondern lasse mich von den Zutaten inspirieren. Das ist oft sehr lecker, manchmal eher suboptimal. Bis heute kommt es vor, dass meine (nun erwachsenen) Kinder mit gekräuselten Lippen sagen: »Ohhh, hast du wieder Essen erfunden?« Insofern sind Barbecue-Rippchen nicht nur unser Lieblingsrezept, sondern auch unser einziges. Und da gibt es keine Experimente – jede Zutat muss stimmen. Aufgrund der Fleischmenge gibt es die Rippchen nicht allzu oft, aber wenigstens einmal um die Weihnachtszeit und als Wunschessen, zum Geburtstag zum Beispiel. *(Katharina Kleinschmidt, Autorin)*

Die damals zweijährige Tochter Toni beim Genießen

2 kg Schweinerippchen (Spareribs), 100 ml Maiskeimöl, 2 Zwiebeln,
2 – 3 Knoblauchzehen, 250 ml Fleisch- oder Gemüsebrühe (auch Instant),
150 ml Tomatenmark aus der Tube, 5 EL Essig, 100 g Honig, 1 TL Salz,
1 TL Thymian (getrocknet), 1 TL Basilikum (getrocknet),
1 TL Senfkörner (gemahlen oder gemörsert), 1 TL Sambal Oelek,
½ TL Tabasco, 4 EL Worcestersauce

Die Rippchen in handliche Stücke (ca. 4 bis 6 Rippen) teilen, waschen, mit Küchenpapier trocken tupfen und auf ein tiefes Backblech legen. Zwiebeln und Knoblauch abziehen, klein schneiden und im Öl glasig dünsten. Alle anderen Zutaten unter Rühren dazugeben und die ganze Sauce 10 Minuten auf kleiner Hitze kochen. Die Sauce auf den Rippchen großzügig verteilen. Herd vorheizen (Umluft 180 °C; Ober- und Unterhitze 200 °C) die Rippchen etwa 1 Stunde im Ofen garen.
In den letzten 20 Minuten können auf einem weiteren Blech Backofen-Pommes mitgegart werden. Dazu Eisbergsalat reichen.

Silvester-Eisbein »Frau Baumann«

*D*as Eisbein gibt es bei uns einmal im Jahr – eben zu Silvester. Man kann es gut vorbereiten und wir müssen immer reichlich davon vorrätig haben, damit unsere erwachsenen Kinder mit ihren Ehepartnern dann auch einmal davon essen können. Freunde kommen zu Silvester auch wegen dieses Essens zu uns. Ich freue mich schon das ganze Jahr auf dieses Essen, das immer mein Mann zubereitet. Warum das Eisbein »Frau Baumann« heißt, können wir leider nicht mehr sagen. Es stammt aus der DDR-Sendung HAPS (Haushaltallerlei praktisch serviert), die aus Rostock kam. Das war unsere absolute Lieblingssendung zu DDR-Zeiten. Ich weiß noch, dass, nachdem im Herbst die Sendung mit dem Rezept gelaufen war, nur sehr schwer Eisbeine am Jahresende zu bekommen waren. Seitdem bestellen wir sie immer vor, auch heute noch. Und die Zubereitung ist ein auf die Tage vor Silvester verteiltes »Koch-Ereignis«. *(Martina Ludwig, Leipzig)*

ungepökelte Eisbeine entsprechend der Anzahl der Gäste (nicht einhacken lassen), 4 EL Weißweinessig, 1 TL geriebener Meerrettich, 1 TL Tomatenmark, Salz, Pfeffer, 125 ml saure Sahne

Pro Eisbein für die Marinade:

1 mittelgroße Zwiebel, 1 Knoblauchzehe, 1 gehäufter EL Senf, 3 Wacholderbeeren, 1 TL gerebelter Majoran, ½ TL gemahlener schwarzer Pfeffer, ½ TL Thymian, 1 EL Öl

Am 29. Dezember geht es mit dem Marinieren los:
Zwiebel(n) und Knoblauchzehe(n) schälen und reiben und mit allen anderen Zutaten vermischen. Die Eisbeine rundherum damit bestreichen. In eine Schüssel, einen Tontopf oder Plastikeimer legen, 2 Stunden kühlgestellt marinieren lassen.

Inzwischen pro Eisbein 1 Liter Wasser mit 2 TL Salz und 4 EL Essig aufkochen. Dann die Lake erkalten lassen, prüfen, ob sie sauer genug ist, es soll nur leicht, aber dennoch sauer schmecken. Eventuell nachwürzen. Dann vorsichtig die Eisbeine damit begießen und zudeckt 24 Stunden ziehen lassen.

Am 30. Dezember wird gebraten:

Eisbeine aus der Marinade nehmen, in einen Schmortopf oder einen Bräter legen, 1 Kelle Marinade angießen. Auf höchster Stufe im offenen Topf alle Flüssigkeit verkochen lassen, dabei tritt das Fett aus dem Fleisch. In diesem Fett das Eisbein von allen Seiten gut bräunen. Dabei immer wieder Marinade zugeben und verkochen lassen. Ist das Fleisch schön braun, die restliche Marinade angießen, Deckel aufsetzen, Pfanne in den auf etwa 200 °C bis 220 °C vorgeheizten Ofen (Ober- und Unterhitze) stellen. Nun die Eisbeine mit geschlossenem Deckel 2 bis 2 1/2 Stunden garen. Ist das Fleisch weich, den Knochen auslösen, und die Eisbeine in Portionsstücke teilen. Soße und anhaftenden Bratenfond mit etwas Wasser loskochen, durch ein Sieb geben. Das Fleisch in einen entsprechend großen Topf legen, mit Soße übergießen und bis zum Silvestertag kalt stellen.

Am 31. Dezember wird angerichtet:

Topf mit Fleisch und Soße erhitzen, dann das Fleisch auf eine vorgewärmte Platte legen, die Soße mit Meerrettich, Tomatenmark, Salz und Pfeffer abschmecken, zum Schluss die saure Sahne einrühren.

Dazu gibt es Salzkartoffeln, Rosenkohl oder Möhren. Sauerkraut passt nicht zu dieser Zubereitungsart, es würde den pikanten Soßengeschmack überdecken.

Hühnerfrikassee

Am schönsten war das Frikassee am Mittag meines Geburtstages. Das rangierte noch vor dem nachmittäglichen Topfschlagen, das vor allem die Freunde liebten, weil unter dem Topf leckere Süßigkeiten versteckt waren. Aber die brauchte ich nicht, denn ich war ja schon satt: In meiner Familie gab es den Brauch, dass Geburtstagskinder das Mittagessen wählen durften. All die Jahre hatte ich nur einen Wunsch: Hühnerfrikassee. Dass sich auch meine Geschwister das Gleiche wünschten, hielt ich lange für einen erstaunlichen Zufall.

Bis ich erfuhr, dass der Essenswunsch mütterlicher Prägung entsprang. Das Haus ihrer Kindheit in der Uckermark muss ein Paradies gewesen sein: Die Lehrer-Eltern hielten neben einer Ziege auch mehrere Hühner und wenn ein Kind Geburtstag hatte, schritt die Großmutter zum Stall. Die älteste Tochter achtete derweil darauf, dass das mit Namen versehene Lieblingstier niemals den Weg in den Kochtopf fand. Jahrzehnte später wurde der Familienbrauch aus Brandenburg in ein thüringisches Pfarrhaus übertragen, heute findet er in Sachsen seine Fortsetzung. Nur, dass auf dem Grundstück keine Hühner mehr gackern, sodass man im Supermarkt nach einem für die Familie geeigneten großen Tier suchen muss. *(Hagen Kunze, Autor)*

1 großes Suppenhuhn (ca. 1 ½ kg), 1 Bund Suppengemüse, 1 große Zwiebel, 4 Gewürznelken, 300 g Champignons, 300 g Möhren, 300 g Erbsen, 50 g Butter, 50 g Mehl, 230 ml Sahne, 40 g Kapern, 1 Ei, Zitronensaft, Pfeffer, Salz, Zucker

Das küchenfertige Huhn mit grob zerteiltem Suppengemüse mindestens 2 Stunden in 3 l Wasser kochen (mütterlicher Tipp: zum Suppengemüse noch mit Nelken gespickte Zwiebelhälften in den Topf geben). Dann das Fleisch von Knochen befreien und in Würfel schneiden. Möhren und Champignons putzen und schneiden, die Erbsen bereitstellen. Die fertige Brühe abseihen und kurz kalt werden lassen.
Für die Mehlschwitze Butter in einem Topf zerlassen, dann das Mehl zur geschmolzenen Butter geben. Unter schnellem Rühren (das verhindert das Klumpen) mit dem Schneebesen das Mehl in der Butter anschwitzen, bis es goldgelb wird. Nun nach und nach so viel Brühe wie gewünscht – der Rest kann eingefroren werden – unter weiterem Rühren hinzugeben. In die Soße Champignons, Möhren, Erbsen, 200 ml Sahne und nach Belieben abgetropfte Kapern geben. Das Ganze 5 bis 8 Minuten köcheln lassen.
Nach dem Kochen ein Eigelb mit der restlichen Sahne und etwas Kochbrühe verrühren und an die Soße geben. Zuletzt alles mit Zitronensaft, Pfeffer, Salz und Zucker abschmecken und das Fleisch wieder zugeben, damit es warm wird. Serviert wird das Frikassee mit Reis.

Geschmorter Lammbraten

Aufgewachsen bin ich auf einem Kleinbauernhof. Das Gras im Hausgarten »mähten« bei uns immer die Schafe. Die Tiere wurden stets mit Achtung behandelt, aber nie als »Kuscheltiere«. Auch später hielten wir noch Schafe für die Eigenversorgung. Nach der Schlachtung und Zerlegung wurden Fleisch und Knochen in Portionsgrößen eingefroren. Damit keine Monotonie aufkam, musste ich mir schon einiges einfallen lassen: Aus den Knochen wurde Fond zubereitet oder Brühe für Eintöpfe, die Bauchlappen wurden geschmort oder zu Rollbraten verarbeitet, es gab Lammkotelett, Rouladen aus der Keule, Hammelsoljanka, Eintöpfe, Grillspieße, Hackbällchen und unterschiedlich gewürzte Schmorbraten. Natürlich auch den Klassiker: Hammelbraten mit Bohnengemüse und Grünen Klößen.

Irgendwann in den 1990er Jahren wünschte sich mein älterer Sohn einmal den Braten so, wie ich ihn einige Wochen vorher zubereitet hatte. Es gab wieder einen schmackhaften Braten, aber er war anders gewürzt. Das war der Moment, als ich begann, zumindest die Zutaten zu notieren. Mein ältester Sohn war es auch, der mich 1998 ermutigte, mich für die Teilnahme an der »Eurotoques Trophy« (Kochmeisterschaft der Amateure) zu bewerben. Er war dann mein Assistent. Wir mussten sieben Portionen Lammbraten mit regionalen Beilagen zubereiten und diese Gerichte nach drei Stunden der Jury präsentieren. Der regionale Ausscheid für Sachsen und Sachsen-Anhalt fand in Plauen statt. Jedes Team erhielt eine Lammkeule, sonstige Zutaten hatte jeder mitzubringen. Keule ausbeinen, Knochen zerkleinern und Fond ansetzen. Beilagen und Braten zubereiten ... Bei mir gab es Lammbraten mit Kartoffelauflauf und Bohnengemüse. Wir wurden »2. Sieger«.

Kocht mit Leidenschaft: Regina Röhner bei einer Verkostungsveranstaltung

(Regina Röhner, Autorin)

1 Lammkeule (ausgelöst, ca. 1,5 kg), Salz, 2 – 3 EL Butterschmalz,
2 Gemüsezwiebeln, 2 Knoblauchzehen, Pfeffer, 1 EL Senf, je 3 Zweige Rosmarin
und Thymian, 1 Glas trockener Weißwein, Lammfond, etwas kalte Butter

Das gehäutete Fleisch – falls erforderlich – mit Küchengarn in Form bringen. Butter-schmalz erhitzen. Das Fleisch salzen und rundum kräftig anbraten. Zwiebeln und Knoblauch schälen, grob hacken. Das angebratene Fleisch pfeffern und mit Senf be-streichen. Zwiebeln und Knoblauch mit anbraten und Kräuterzweige dazugeben. Erst etwas heißes Wasser angießen, nach 30 bis 40 Minuten Bratzeit den Weißwein, falls er-forderlich, auch etwas Fond. Insgesamt etwa 90 bis 110 Minuten sanft schmoren. Das Fleisch auf einer vorgewärmten Platte warmhalten. Den Bratenfond mit Lammfond und heißem Wasser auffüllen und durch ein Sieb in eine Kasserolle gießen. Gegebenenfalls etwas reduzieren lassen. Mit Salz und Pfeffer abschmecken. Mit 1 bis 2 EL kalter Butter aufschlagen. Das Fleisch in Scheiben schneiden und mit der Soße auf vorgewärmten Tellern servieren. Dazu gibt es traditionell grüne Bohnen und Kartoffelauflauf.

Berliner Kasslerbraten

Standardspruch meiner Mutti am Mittagstisch: »Das wird gegessen, und zwar aufgegessen!« Diese Ankündigung wurde verstärkt durch den Hin-weis, dass ich nicht eher mit meinem Spielzeug hantieren, geschweige denn dem Ruf der Kinder folgen dürfe, die auf dem Hof riefen: »Kommt der Lutz runter, zum Spielen?« Aber wenn man eine, selbst wunderbar angerichtete, Speise unter Druck essen muss, so kann sie nicht schmecken. Aufessen entwickelte sich zum Alptraum. Ich wollte doch nur meinen Lieblingsbeschäftigungen nachgehen. Essen gehörte damals auf keinen Fall dazu. Natür-lich wusste ich bald, weshalb Mutti und Oma derart auf meine Speisenaufnahme pochten. Und, warum Vater und Opa zu mir sagten: »Junge, du musst essen, an dir ist nichts dran.« Die hatten schlimme Zeiten hinter sich, die hatten miserable Erfahrung mit einem Gefühl gemacht, welches ich niemals kennen gelernt habe. Die hatten Hunger!

Lutz Hoff um 1959 mit seiner Mutter

Übrigens spreche ich bis heute nicht von Hunger, nein, ich rede von Appetit. Der ist längst wieder da. Und kurioserweise erinnere ich mich gerne wieder daran, was es bei Mutti zum Mittag gab. Meine Hitliste der Berliner Küche bis heute; Boulette, Roulade und auf Platz eins: Kasseler. Heute habe ich nun ein schnuckeliges Rezept dafür, aufgepeppt mit Champignons und zubereitet mit moderner Umlufthitze.
(Lutz Hoff, Moderator – u. a. »Schätzen Sie mal« von 1984 – 1997, Kabarettist, Autor)

125 g geräucherter Speck (gut durchwachsen), 4 EL Öl, 3 Zwiebeln,
750 g Champignons, 2 Pakete Sauerkraut, 2 Lorbeerblätter, 1 TL Instant-Brühe,
1,25 kg Kasselerkotelett, 1 TL Spießbratengewürz, 1 TL Majoran, Pfeffer

Den Speck würfeln, mit wenig Öl in einer Pfanne knusprig ausbraten. Zwiebeln schälen und grob würfeln, Pilze putzen und in Scheiben schneiden. Speckwürfel aus der Pfanne nehmen. Im Fett die Zwiebeln und Pilze unter Rühren anbraten. Aufpassen, dass die Zwiebeln nicht zu braun werden. Wenn alles schön kross ist, das Sauerkraut, den Speck und die Lorbeerblätter dazugeben. 3/8 l Wasser und Instantbrühe verrühren und auf das Kraut gießen, aufkochen lassen. Temperatur verringern und zugedeckt leise köcheln lassen.
Inzwischen das Kasseler mehrmals kreuzweise einschneiden. Gewürz, Majoran und 2 EL Öl verrühren. Kasseler damit bestreichen. Auf das vorbereitete Sauerkraut legen.
Ofen vorheizen (E-Herd: 200 °C, Umluft: 175 °C). Gericht auf der untersten Einschubschiene ca. 90 Minuten schmoren, zwischendurch umrühren.
Wenn das Fleisch weich ist, den Braten herausheben, Sauerkraut abschmecken und auf eine große Platte geben oder auf 4 Teller verteilen. Kasseler in Scheiben schneiden und auf dem Kraut anrichten, mit Salzkartoffeln servieren.

Majoranbraten mit Mehrfrucht-Chutney

(Helga Piur, Schauspielerin)

Für das Chutney:
250 g Äpfel, 250 g Pfirsiche (noch nicht ganz reif, leicht grün), 250 g Birnen,
2 Knoblauchzehen, 2 EL Ingwerpulver, 1 TL Salz, 500 g Zucker, 150 ml Weinessig,
2 EL Paprikapulver (rosenscharf), ½ TL Nelkenpulver, 15 Pfefferkörner,
1 TL Senfkörner, ½ Stange Zimt

Für den Braten:
Kasslerkamm, Schweinekamm, Zwiebeln, Aromat (Knorr-Universalwürze),
Maggi-Würze, 1 – 2 EL Honig, Mehrfruchtchutney, Majoran,
Öl oder Margarine zum Anbraten

Die ungeschälten Äpfel, Pfirsiche und Birnen waschen, trocken reiben und in kleine
Stücke schneiden. Dabei Kerne und Kerngehäuse entfernen. Knoblauchzehen
pressen und mit Salz und Ingwer mischen. Zucker und Essig in einem ausreichend
großen Topf mischen. Pfeffer- und Senfkörner sowie Zimtstange mit einem Mörser
fein zerstoßen. Alle Gewürze in die Essig-Zucker-Mischung geben, verrühren und
die Früchte zugeben. Etwa 45 Minuten bei niedriger Temperatur köcheln lassen,
dabei immer wieder umrühren.
Fleisch schön anbraten. Zwiebelwürfel dazugeben. Fleisch mit Honig bestreichen. Mit
Aromat und Maggi würzen, Chutney zufügen, etwas Wasser angießen. Majoran darüber streuen und zugedeckt bei mittlerer Hitze im Ofen mindestens 2 Stunden garen.

Tipp: Wenn es zur Pfirsich-Zeit noch keine Birnen gibt, kann der Anteil der Äpfel
und Pfirsiche erhöht werden.

Petersburger Pfefferfleisch

*M*it dem damals siebenjährigen Enkelsohn meines Bekannten war ich öfter für einige Tage zusammen. Damals war er ein echtes »Mäkelkind«. Nur Weniges fand seine Zustimmung. Ich hatte Pfefferfleisch zubereitet und er hob schon die Zähne, bevor er auch nur gekostet hatte: »Sowas esse ich nicht.« »Dann wirst du es probieren«, war meine Antwort. »Nein, zu Hause muss ich auch nichts essen, was ich nicht will.« »Das weiß ich, aber bei mir wird auf jeden Fall probiert. Du weißt ja gar nicht, wie es schmeckt.« »Ich will aber nicht!« »Aber ich möchte, dass du probierst ...« So ging es eine Weile hin und her, trotziges Geschrei selbstverständlich eingeschlossen. Zu guter Letzt aber habe ich mich durchgesetzt und er hat wenigstens gekostet. Was soll ich sagen: Heute höre ich stets, wenn wir einige Zeit zusammen sind, die gleichen Sätze. »Hast du Pfefferfleisch mit?« »Kochst du Pfefferfleisch?« Inzwischen kostet er alles, was ich koche, ganz ohne Aufforderung. Standhaftigkeit führt also zum Erfolg.

(Ingelore Roever, Leipzig)

---

500 g Schweinefleisch, Pfeffer, Salz, 2 Zwiebeln, 1 – 2 Knoblauchzehen, Fett zum Braten, 1 – 2 Tuben Tomatenmark, ca. 100 ml Weißwein, 4 Wiener Würstchen

---

Mageres Schweinefleisch mit der Fleischfaser in Streifen (ca. 1 cm x 3 cm) schneiden und kräftig pfeffern, nur wenig salzen. Zwiebeln schälen und in Würfel schneiden, Knoblauch durchpressen. Etwas Fett in einer großen Pfanne erhitzen, Zwiebel und Knoblauch anrösten. Tomatenmark zugeben und durchrühren, mit etwas Weißwein ablöschen. Das Fleisch zugeben, alles gut verrühren, den restlichen Wein zugeben und zugedeckt gar dünsten. Ab und an umrühren und, wenn nötig, etwas Wasser zugeben. Kurz bevor das Fleisch gar ist, die in hauchdünne Scheiben geschnittenen Würstchen zugeben und mit dem Fleisch vermengen. Heiß zu Reis oder geröstetem Brot servieren.

Aus Fluss und See

Als die Hochseeflotte der DDR in den frühen sechziger Jahren Rekordfänge heimbrachte, quollen die HO- und Konsum-Läden förmlich von Seefischen, auch exotischen Meeresfrüchten, über. Nicht jeder wusste, etwas damit anzufangen. Erstaunliche Ideen wurden geboren – vom gängigen, gereimten Slogan wie »*Zweimal in der Woche Fisch, hält gesund, macht schlank und frisch*« bis zum Fischkoch. Dessen Geschichte begann im Mai 1960. Noch vor dem »Sandmännchen« erschien ein Herr mit Schnauzer, dicker schwarzer Brille, schneeweißer Kochjacke und steifer Kochmütze auf den Bildschirmen und kredenzte einen »Tomatenfischreissalat«. Die Sendung dauerte gerade fünf Minuten und war der Beginn einer Legende. »Schuld« an allem waren Unmengen russischer Strömlinge in Tomatensauce, säuberlich in Dosen verpackt und kyrillisch beschriftet. Ein Sonderauftrag für den Werbeleiter der Rostocker Hochseefischerei. Der hieß *Rudolf Kroboth*, war gelernter Feinkostkaufmann, aber auch leidenschaftlicher Koch. Selbst als der Fischsegen dank international neu geordneter Fischereirechte versiegte und vor allem die Makrele, die arme Seele, landauf, landab das Angebot bestimmte, hielten die Zuschauer dem Fischkoch und seiner Sendung die Treue.

Die Makrele ist ein guter Speisefisch – auch für einen Fisch-Auflauf (siehe Seite 77)

Matjeshering mit Pellkartoffeln, Kräuterquark und grünen Bohnen

*I*m Jahre 2004 riefen eine regionale Zeitung und die Agrarmarketing Mecklenburg-Vorpommern e. V. zu einem Wettbewerb auf, der unter dem Motto stand: »Was bringen die Mecklenburger und Vorpommer auf den heimischen Tisch«. Ich habe mich an diesem Kochwettbewerb in Mühlengeez (Landkreis Rostock) beteiligt. Hier gibt es die MeLa, eine Fachausstellung für Landwirtschaft und Ernährung, Fischwirtschaft, Jagd und Gartenbau. Und ich war bei den Fischgerichten nicht nur dabei, ich gewann. Die Siegergerichte wurden in der DEHOGA-Showküche auf der MeLa nachgekocht und konnten von Besuchern probiert werden. Mein Preis war ein Warenkorb mit gesunden Erzeugnissen aus unserer Region. *(Heidi Wulfgramm, Stralsund)*

ca. 1 kg Kartoffeln
(vorwiegend festkochend),
8 Matjesfilets (FP),
500 g Quark,
150 g Naturjoghurt,
Salz, Pfeffer,
1 – 2 Bund frische Gartenkräuter,
500 g grüne Bohnen,
250 g Schinkenwürfel,
4 Fleischtomaten

Kartoffeln abkochen, pellen und mit den Matjesfilets anrichten. Im Vorfeld den Quark (mager oder 20 % Fettgehalt) mit Joghurt verrühren, würzen und mit Kräutern der Saison versehen (Dill, Petersilie, Schnittlauch). Die grünen Bohnen in Salzwasser abkochen und mit angebratenen Schinkenwürfeln bestreuen. Tomatenscheiben bilden auf dem Teller einen schönen Kontrast.

Preisgekrönte Bratheringe

»*R*und um den Hering« – unter diesem Motto suchte der Rostocker Fischmarkt das beste Rezept für »Bratheringsmarinaden« in einem Wettbewerb. Ich habe teilgenommen und den 1. Platz belegt. In einer ersten Runde hatten die Köche Tillmann Hahn und Carsten Loll sowie Fischexperte Ulf Korich von den eingesandten Rezepten die drei interessantesten ausgewählt. Diese wurden nachgekocht und die gebratenen Heringe gut zwei Tage darin eingelegt. Beim »Heringsfest« kosteten rund hundert Besucher diese Bratherings-Varianten und entschieden sich mit Abstand für mein Rezept, wie mir ein Brief bestätigte: Herzlichen Glückwunsch! Ihr Bratheringsmarinaden-Rezept ist vom Rostocker Fischmarkt als das Beste ausgewählt worden. Dazu gab es als Dankeschön einen Gutschein. *(Erika Tausch, Rostock)*

10 – 15 Heringe, Öl zum Braten, 125 ml Spritessig (10 %), 100 g Zucker, 20 g Salz, 1 Lorbeerblatt, 5 Pimentkörner, 1 EL Senfkörner, 2 Zwiebeln

Heringe säubern, innen und außen salzen und in Mehl wenden. In etwas heißem Öl braten und erkalten lassen.
Aus 1 l Wasser, Essig, Zucker und Salz eine Marinade kochen und erkalten lassen. Die gebratenen Heringe in ein Gefäß legen, Lorbeerblatt, Pimentkörner, geschälte und in Scheiben geschnittene Zwiebeln sowie Senfkörner darauf geben und mit der Marinade übergießen. Nach zwei Tagen sind die Bratheringe verzehrfertig.

Marinierter Hering

*D*as ist ein Traditionsrezept meiner
*Großmutter, welches ich regelmäßig
auf Wunsch der Familie oder von
Freunden koche. Meine Großmutter
war Jahrgang 1906. Sie hat natürlich
die Heringe noch selbst ausgenommen
und, falls vorhanden, die Milch durchs
Sieb gestrichen. Ich habe das Rezept
etwas zeitgemäß angepasst.*
(Angela Hengst, Chemnitz)

Die ursprüngliche Rezeptquelle: Großmutter
(ganz rechts) mit Eltern und Geschwistern in
Olbernhau

**1 kg Salzheringe (oder Salzheringfilets), 1 l frische Milch (keine H-Milch!),
500 g Joghurt, 150 g Crème fraîche, 3 große Zwiebeln, 3 mittelgroße Äpfel,
4 große Gewürzgurken, Zucker nach Geschmack, 1 Bio-Zitrone**

Salzheringe (besser gleich Salzheringsfilets kaufen, spart Arbeit und Zeit) putzen
bzw. Haut abziehen. Die gehäuteten Filets ca. 5 Stunden wässern, dabei mindestens
zweimal das Wasser wechseln. Inzwischen die Soße zubereiten. Dazu frische Milch
(muss frische sein, da sie sonst nicht säuert), den Joghurt und Crème fraîche mit
dem Schneebesen glattrühren. Die Zwiebeln schälen und in Ringe, Äpfel in schmale
Spalten und Gewürzgurken in Scheiben schneiden. Alles in die Soße geben. Mit
Zucker abschmecken.

Die Zitrone heiß abwaschen und trocken reiben. Von einer Hälfte den Saft auspressen und in die Soße geben. Die zweite Hälfte in Scheiben schneiden.

Die Heringsfilets nach dem Wässern trocken tupfen und mit den Zitronenscheiben
in die Soße legen.

Die Heringe mindestens 24 Stunden durchziehen lassen. Die Soße muss etwas
dicklich geworden sein. Vor dem Servieren eventuell nochmals mit Salz und Zucker
abschmecken.

Dazu passen Pellkartoffeln.

Weihnachtskarpfen

*D*as Rezept ist von meinen Eltern, Peter und Anneliese Buhl, und seit 65 Jahren
begleitet es mein Leben. Am 24.12. und am 31.12. jedes Jahres wird es zelebriert und
unsere Familie lauert drauf. *(Claus-Roland Isidorczyk, Falkensee)*

Der Koch fotografiert seine Familie beim Karpfenschmaus

1 Karpfen (1,7 – 2 kg), Essig, Salz, ca. 100 – 150 g Butter,
1 kg Kartoffeln (mehligkochend), 125 ml – 200 ml Milch, Muskatnuss, Zitronensaft

Den küchenfertigen Karpfen kalt waschen, entschuppen, von außen mit Essig übergießen und salzen. Ein Backblech mit Backpapier belegen, etwa in die Mitte 1 EL
Butter geben und eine feuerfeste Keramiktasse mit der Öffnung nach unten darauf
stellen. Den Karpfen »rittlings« auf die Tasse setzen und weitere Butter auf dem
Blech verteilen. Blech auf der mittleren Schiene in den Ofen geben und den Karp-
fen bei ca. 175 °C 50 bis 60 Minuten garen. Er ist perfekt, wenn das Fleisch, wird es
mit einer Gabel leicht angestochen, weiß ist.
Während der Karpfen gart, die Kartoffeln schälen, waschen und in Stücke schnei-
den. In Salzwasser weichkochen. Abgießen und mit einem Kartoffelstampfer zu
Quetschkartoffeln verarbeiten. Dabei etwas erwärmte Milch zugeben, damit die
Kartoffeln nicht trocken werden, mit frisch geriebener Muskatnuss würzen.
Der Karpfen wird im Ganzen mit der Butter und frisch gepresstem Zitronensaft ser-
viert, dazu eine Schüssel Quetschkartoffeln und die Gäste kommen garantiert wieder.

Karpfensuppe »Fischer Art«

*M*eine Mutter war keine besondere Köchin, hat aber für uns 5 Kinder immer mit Hilfe ihres Exemplars von »Wir kochen gut« etwas Vernünftiges auf den Tisch gestellt. Wo das alte Kochbuch abgeblieben ist, weiß ich heute nicht mehr. Ich habe meine ersten Kochversuche damit gemeistert. Ich kann auch bis heute keine Rezepte erfinden und brauche immer eine Rezeptvorlage. Was wir gut können, ist das Nachkochen und das Anpassen, bis es uns richtig gut schmeckt. Mein eigenes »Wir kochen gut« habe ich 1970 bekommen, und es ist die 19. Auflage von der 1968er Ausgabe. Meine beiden Töchter, heute wohnhaft in Dublin und Berlin, haben eine Reprintausgabe dieses Buches erhalten.

Die Karpfensuppe »Fischer Art« ist entstanden, weil wir oft einen großen Naturkarpfen (5 bis 6 kg) bekommen. Wir versuchen, von dem Fisch alles zu verwerten: filetierte Stücke zum Frittieren als »Karpfen Schweizer Art« oder zum Dünsten in einem Weißwein-Gemüse-Sud oder fingerdicke Stücke als Karpfenragout mit Champignons und jungen Erbsen – oder eben als Fischsuppe. Und aus dem Rest entsteht ein selbstgemachter Fischfond. Die Suppe geht auf ein Soljanka-Rezept zurück, nur mit Karpfen. Am Heiligen Abend, Silvester oder Neujahr mittags oder abends ein richtiger Partyknüller. Die Suppe braucht deswegen eine gute Schärfe.
(Bärbel und Ingo Nagel, Groß Nemerow)

Ehepaar Nagel bei den Kochvorbereitungen

Für 4 bis 6 Personen:

1 Karpfen (ca. 1 – 1 ½ kg), Salz, Zitronensaft, 1 TL Kräuter der Provence, 300 g Gemüse (Möhre, Petersilienwurzel, Sellerie, ½ Porreestange, 1 Kartoffel, getrocknete Tomaten, 2 rote Peperoni); 3 rote Zwiebeln, 3 Knoblauchzehen, 2 EL Olivenöl, 50 g Butter, 2 EL Tomatenmark, 2 EL Ketchup, 1 große rote Paprika, 1 Kohlrabi, 3 – 5 eingelegte Salzgurken, 1 Dose Tomaten (ganz oder stückig), 2 TL Paprikapulver edelsüß, zerstoßener Piment, Koriandersamen, Kreuzkümmel, Wacholderbeeren, 1 TL Paprika rosenscharf, Salz, 1 Becher (150 g) saure Sahne, 1 Bund Petersilie, 1 Zitrone

Den Karpfen säubern, ausnehmen, waschen, den Kopf abtrennen (Kiemen und Augen entfernen), Flossen und Schwanzpartie abtrennen und den filetierten Karpfen in fingerdicke Stücke schneiden. Die Karpfenstücke leicht salzen, mit Zitrone beträufeln und mit Kräutern der Provence bestreut 1 Stunde im Kühlschrank ruhen lassen. Den Karpfenkopf, die Flossen und die Grätenkarkasse, das gesäuberte kleingewürfelte Gemüse, Salz, und die zerstoßenen Gewürze in 2 Liter kaltem Wasser ansetzen und 30 Minuten leicht köcheln lassen. Eventuell Schaum abschöpfen. Danach das gekochte Gemüse durch ein Sieb in einen anderen Topf passieren. Dazu kommen das entgrätete magere Fleisch vom gekochten Kopf und das Grätenfleisch. Geschälte Zwiebeln und Knoblauch hacken, in Olivenöl und Butter mit dem Tomatenmark und Ketchup anbraten. In dünne Streifen geschnittene Paprika, Kohlrabi und Salzgurken jetzt mit anschwitzen und mit dem Fischfond kurz aufkochen. Nun das gekochte Karpfenfleisch, das passierte Gemüse, die Dosentomaten und die Karpfenstücke in die Fischsuppe legen. Paprika edelsüß dazu und bei kleiner Hitze ca. 10 Minuten gar ziehen lassen. Die Suppe darf nicht mehr kochen. Zum Abschluss abschmecken und nach Geschmack mit scharfem Paprika nachwürzen.

Tipp: Mit einem Löffel saurer Sahne, gehackter Petersilie und einer Zitronenscheibe anrichten. Dazu passt Bauern- oder Toastbrot.

Pikanter Gurken-Tomaten-Fischauflauf

*I*ch habe ein Rezept aufgeschrieben, das mich seit meiner Kindheit begleitet, das heißt seit nunmehr fast 50 Jahren. Ich würde mich freuen, wenn andere kochbegeisterte Leser dieses Rezept ausprobieren würden, es lohnt sich wirklich! Aufgewachsen in der Region Braunschweig, hatte ich das Glück während meiner Schulzeit zwei Jahre lang Kochunterricht zu genießen. Den Namen meiner Lehrerin weiß ich noch heute: Frau Kaseburg! Jeder musste ein Kochbuch anlegen und daraus stammt das Rezept, das für mich zum Lebensbegleiter wurde: Pikanter Gurken-Tomaten-Fischauflauf. Er ist so unglaublich schmackhaft und köstlich, dass ihn einfach jeder mag, meine Familie sowieso, aber auch später unsere Austauschschülerin aus Portland (Oregon, USA), die das Rezept unter dem Namen »Mixed Pickles Fish Dish« mit in ihre Heimat nahm. Seit einigen Jahren leben wir in Mecklenburg-Vorpommern auf der Halbinsel Fischland-Darß, also ganz nah am Meer, doch niemand kannte das Rezept. Aber jetzt liebt es unser neuer Freundeskreis aus Vorpommern auch. Danke liebe Frau Kaseburg. *(Brigitte Brietze, Ostseebad Dierhagen)*

Die Urheberin des Auflaufrezeptes Frau Kaseburg in Aktion

2 Fischfilets à ca. 150 – 200 g (Dorsch oder Makrele),
Saft von 1 Zitrone, 4 – 6 Gewürzgurken, 4 – 6 Tomaten, Senf, Ketchup,
2 – 3 Zwiebeln, 2 – 3 Scheiben Schinken,
1 Becher Schmand oder Sahne (200 g), ½ – 1 Bund Petersilie

Die Fischfilets mit Zitronensaft beträufeln, 5 Minuten einwirken und wieder ablaufen lassen, danach die Filets in eine Auflaufform legen, ein Filet mit Senf bestreichen, darauf die in Scheiben geschnittenen Gurken legen, das zweite Filet mit Ketchup bestreichen und die in Scheiben geschnittenen Tomaten darauf verteilen.

Die Zwiebeln schälen und in kleine Würfel schneiden, gemeinsam mit dem ebenfalls klein geschnittenen Schinken in einer Pfanne anbraten. Die Mischung über die Fischfilets geben, darüber den Schmand bzw. die Sahne verteilen. Wer kein Fleisch isst, kann den Schinken einfach weglassen. Dann die Zwiebel etwas krosser anbraten, denn die Röstaromen passen sehr gut zur Fisch-Gurken-Tomaten-Mischung. Den Auflauf etwa 45 Minuten bei 175 °C (Ober- und Unterhitze, mittlere Schiene) im Ofen garen. Vor dem Servieren mit Petersilie bestreuen. Dazu schmeckt Reis, aber auch Kartoffeln.

Tipp: Je nach seinem Alter bezeichnet man Dorsch auch als Kabeljau. Den Jungfisch nennt man Dorsch, den laichreifen Fisch Kabeljau. Dorsche haben festes, zartes Fleisch, das man grillen, dünsten, backen oder frittieren kann.

Manchmal muss es exotisch sein

Hand aufs Herz: Haben Sie sich nicht auch gefragt, warum die Verwandtschaft jetzt sogar Kartoffeln schickt, als Sie die erste Kiwi im Westpaket fanden? Und wie sollte man ohne Hammer oder Bohrer diese verflixte Kokosnuss öffnen? Denn für viele waren die meist grünen Kuba-Orangen oder ab und zu mal Bananen das Exotischste, was es an Südfrüchten zu kaufen gab. Und trotzdem – auch wenn hierzulande die Wenigsten weiter als bis Prag oder an die bulgarische Schwarzmeerküste reisen konnten, sollten das Flair und der Geschmack der großen weiten Welt doch wenigstens in der Küche eingefangen werden. Was es an Zutaten nicht zu kaufen gab, wurde phantasievoll ersetzt – man brauchte einfach nur fest an die heimische Alternative glauben. Privilegierte, denen es gelang, über den ostdeutschen Tellerrand zu schauen, mussten von den exotischen Genüssen und ihren Erfahrungen berichten und die Rezepte weitergeben. Es wurde experimentiert, kombiniert und mit viel Kreativität gekocht – sehr zur Überraschung und Freude von Familie und Gästen.

Ein Essgefühl – fast wie in China (Seite 83)

Schweinefleisch in süßer Soja-Sauce

*I*ch war 1985 und 1986 jeweils für ein halbes Jahr als Entertainer auf einem Kreuzfahrtschiff engagiert und schipperte durch den Malaiischen Archipel. In zweiwöchigem Rhythmus fuhren wir Häfen in Malaysia und Indonesien an. Auf jeder Reise ankerten wir auch vor Bali und blieben zwei Tage. Mit meinen Kumpels vom Spielcasino und dem Sportdirektor war ich immer an Land unterwegs. Oft mieteten wir uns ein Auto mit Fahrer und zogen über die Insel, blieben auch mal eine Nacht an Land. Ich war von den Menschen, der Insel und der Kultur so begeistert, dass ich nach der Wende einen Zweitwohnsitz nach Bali verlegte.

1995 lernte ich den Spitzenkoch Heinz von Holzen kennen. Er ist, um alte Rezepte zu entdecken, auch durch die Dörfer gezogen und hat über die authentische balinesische Küche mehrere Bücher geschrieben. Selbst Gourmet begann ich mich für die Zubereitung spezieller Gerichte zu interessieren. Bestimmt werden Sie beim Essen sagen: »Hmmm, hab ich ein Schwein gehabt.«

(Peter Kersten alias »Zauberpeter«, prominenter Zauberkünstler, Entertainer und Autor)

Mit Heinz von Holzen im »Art Café Bumbu Bali«

2 EL Pflanzenöl, 70 g Schalotten, 50 g Knoblauch,
1 kg Schweinefleischstücke (Schulter oder Dickbein ohne Knochen),
50 g frischer Ingwer (geschält), 4 EL süße Soja-Sauce (oder 2 Schnapsgläser voll),
2 EL salzige Soja-Sauce (oder 1 Schnapsglas voll),
1 EL zerstoßene, schwarze Pfefferkörner, 2 Tassen Hühnerbrühe,
5 große, »süße« Chilischoten (Pfefferschoten, 8 – 10 cm lang),
6 – 10 kleine, scharfe Chilischoten

Das Öl in einem schweren, nicht zu hohen Kochtopf erhitzen. Geschälte und in Scheiben geschnittene Schalotten und Knoblauch hineingeben, ca. 2 Minuten bei mittlerer Hitze andünsten. Ingwer in kleine Stücke schneiden und im Mörser etwas zerdrücken, dann mit dem Schweinefleisch vermischen.

Fleisch mit dem Ingwer bei starker Hitze 2 bis 3 Minuten anbraten. Dann die Soja-Saucen und den Pfeffer über das Fleisch geben. Die schwarzen Pfefferkörner vorher im Mörser zerstoßen. Danach die großen Chilischoten zufügen (diese kommen ganz zum Gericht, nicht zerdrücken). Mit der Hühnerbrühe auffüllen und die kleinen Chilischoten in den Topf geben. Damit die kleinen Chili ihre Schärfe gut an das Gericht abgeben, können sie vorher etwas zerstoßen werden. Das Gericht bei sehr geringer Hitze ca. 90 Minuten kochen. Der Topf sollte dabei nicht abgedeckt werden. Wenn möglich, die Kochtemperatur unter 100 °C halten. Also aufpassen, dass der Sud nicht siedet. Die Flüssigkeit soll im Topf auf ein Minimum reduziert bleiben. Die Sauce am Boden muss dick und glasig werden, das Fleisch dunkelbraun. Sollte der Boden des Topfes trocken werden, ein wenig Hühnerbrühe nachgießen.

Asiatischer Paprika-Topf

*D*as Rezept zum Paprikatopf habe ich in den 1980er Jahren selbst »entwickelt«. Aus »West-Illustrierten« hatte ich eine Sammlung von Rezepten, aus denen ich die Anregung entnahm, Fleischgerichte mit Ananas zu kombinieren. Paprikaschoten und Ananas in Dosen gab es dann in der DDR auch irgendwann. Da mein Ehemann und ich fast jeden Tag gern selbst kochen, gehört dieses zu unseren Lieblingsessen und wir haben das Rezept schon oft weitergegeben.
(Edeltraud Rössel, Rothenburg)

Die Rezeptautorin 2010

400 g Putenfleisch, 2 EL Öl, 3 große Gemüsezwiebeln,
ca. 1 l Geflügelbrühe (auch Instant oder Gemüsefond), 3 – 4 Paprikaschoten,
evtl. 1 kleines Glas Sprossen, 1 kleine Dose Ananas,
ca. 2 – 3 EL Sweet Chili Sauce (FP), 1 EL gemahlener Ingwer,
1 TL Sambal Oelek oder Paprikapulver rosenscharf, 2 EL Kochsahne

Fleisch in kleine Stücke schneiden und in heißem Öl ca. 6 Minuten braten. Zwiebeln schälen und in schmale Spalten oder dünne Ringe schneiden, zum Fleisch geben und ca. 5 Minuten mitbraten.
Etwas Brühe angießen. Paprikaschoten putzen und würfeln, einrühren. Nochmals Brühe zugießen, bis alles bedeckt ist. Wenn vorhanden, ein kleines Glas Sprossen zugeben. Die Hälfte des Ananassaftes aus der Dose aufgießen, Sweet Chili Sauce einrühren, mit Ingwer und Sambal Oelek scharf würzen. Alles etwa 15 Minuten bei geringer Hitze garen. Zuletzt die Kochsahne einrühren und die Ananaswürfel zugeben. Abschmecken und bei Bedarf nachwürzen.
Dazu schmeckt Reis. Wer mag, kann als Topping 1 EL saure Sahne, Schmand oder Joghurt auf das Gericht geben.

Chinesisch essen bei Familie Kleinschmidt

Meine Mutter überraschte uns eines Tages mit »Chinesisch«, eine Art Bolognese, gekocht aus Schabefleisch, Zwiebeln und Ketchup, also drei simplen Zutaten, die schnell zubereitet ist und toll schmeckt. Dazu gab es Reis. Über die Zeit sind weitere Zutaten und Gewürze dazugekommen.

Gegessen haben wir das Gericht mit Stäbchen, ein Heidenspaß für uns Kinder und wir bestanden auf diesen Stäbchen. Damals machten die ersten Delikat-Läden neugierig auf Speisen aus fernen Ländern. Sie boten einige exotische Zutaten und Gewürze wie Sojasauce, Reiswein oder eingelegte Algen an. Diese waren sehr teuer und keiner hatte wirklich Erfahrung darin, mit ihnen zu kochen. Spannend war es trotzdem. Und Stäbchen mussten unbedingt sein, übrigens 8 Mark das Paar. Die Freude, einfach mal mit Stäbchen zu essen, ist geblieben.

(Brigitte und Torsten Kleinschmidt, Schöneiche bei Berlin)

1 EL Öl, Salz,
500 g Schabefleisch,
Pfeffer,
1 kleine Zwiebel,
200 ml Ketchup,
1 EL Mehl,
1 Beutel Reis (Kochbeutel)

Öl in einer Pfanne erhitzen, das Schabefleisch anbraten, mit Salz und Pfeffer würzen, Zwiebel schälen und fein würfeln. Zum Fleisch geben. Ketchup einrühren. Etwas Mehl darüber stäuben und mit Wasser ablöschen. Den Reis gar kochen. Zum Verzehr den Reis auf kleine Schüsselchen verteilen, das Hack-Ketchup-Gemisch darauf anrichten und mit Stäbchen essen.

Rinderschnitzel Zilzil Tibs auf Injera

1987 war ich als Ausbilder für Landtechnik mehrere Monate in Äthiopien. Land und Leute kennenzulernen, war ein wichtiger Punkt auf meiner noch zu Hause erstellten »Muss-ich-unbedingt-schaffen-Liste«; was die Sitten und traditionelle Speisen einschloss. In Erinnerung geblieben ist mir zum einen »Injera« – ein säuerlicher Fladen, der als Grundnahrungsmittel zu jeder Tageszeit und zu allem gegessen wird. Die Fladen werden mit den Händen in Stücke gerissen, um die Zutaten zu greifen. Es ist leicht, diese Fladen zu backen. Allerdings erweist sich die Beschaffung der Zutaten als Herausforderung. »Injera« wird traditionell mit »Teff« gebacken, eine Hirseart, die in Europa schwer zu bekommen ist. Daher wird oft Hirse- oder Weizenmehl oder eine Mischung beider verwendet.

Damals in Äthiopien – der Rezeptautor vorn links

Dazu gibt es bei uns meist die wunderbar würzigen Zilzil Tibs. Damals, vor fast 40 Jahren, wieder zurück in der DDR, ließ sich der Gaumenkitzel nicht einfach nachkochen. Heute bedarf es nur eines wohlüberlegten Einkaufs und schon kann ein Stück Erinnerung an die Jugend auf den Tisch gezaubert werden. *(Andreas Müller, Bitterfeld-Wolfen)*

Für die Fladen:
1 Würfel frische Hefe,
400 g Mehl (Hirse und Weizen oder Hirse, Weizen und Dinkel gemischt),
1 Prise Salz

Für die Schnitzel:
4 Rinderschnitzel (dünne Hüftsteaks à 150 g), 2 EL Erdnussöl,
1 große Gemüsezwiebel (300 g), 2 Knoblauchzehen, 30 g frischer Ingwer,
2 EL Butterschmalz, 1 EL Chiliflocken, 1 TL grob gemahlener schwarzer Pfeffer,
300 ml Fleischbrühe, 3 Gewürznelken, frisch geriebene Muskatnuss, Salz

Zuerst den Fladenteig bereiten, da er Zeit benötigt. Die Hefe in 750 ml lauwarmem Wasser auflösen, portionsweise das Mehl zugeben und alles zu einem glatten Teig verrühren. Etwas salzen. Bei Zimmertemperatur mindestens 12 Stunden ruhen lassen, eventuell abdecken. Je länger der Teig steht, desto säuerlicher schmeckt er später, was typisch für Äthiopien ist. Kurz vor dem Essen eine große Pfanne ohne Fett erhitzen. Den Teig nochmals durchrühren (er muss die Konsistenz von flüssigem Eierkuchenteig haben) und dann kellenweise in die Pfanne geben. Fladen schön dünn ausbacken. Nicht wenden! Wenn sie sich leicht vom Pfannenboden lösen, sind sie fertig. So den gesamten Teig verarbeiten.

Die Schnitzel gleichmäßig dünn klopfen, dann der Länge nach halbieren. Die Schnitzelstreifen quer, abwechselnd von links und rechts, im Abstand von 1 cm ziehharmonikaartig bis fast zum Rand einschneiden. Diese »Zilzil Tibs« mit Erdnussöl bestreichen, in Folie wickeln und bis zum Braten bei Zimmertemperatur marinieren lassen. Zwiebel und Knoblauch schälen, die Zwiebel fein hacken. Den Ingwer schälen und sehr klein würfeln. Eine große Schmorpfanne erhitzen. Die Schnitzelstreifen darin bei starker Hitze pro Seite etwa 2 Minuten scharf anbraten. Die Hitze verringern, die Pfanne vom Herd nehmen und die Schnitzelstreifen darin kurz nachziehen lassen, herausnehmen und warm halten. Die Zwiebelwürfel in die Pfanne geben und ohne Fett bei mittlerer Hitze etwa 15 Minuten unter ständigem Rühren rösten. Erst dann das Butterschmalz zugeben, den Knoblauch dazu pressen, Ingwer, Chiliflocken und Pfeffer unterrühren und etwas Brühe angießen. Den Bratansatz unter Rühren loskochen, dann die übrige Brühe angießen. Die Sauce mit Nelken, Muskat und Salz würzen, zugedeckt bei schwacher Hitze 30 Minuten schmoren lassen, bis sie dickflüssig ist. Nochmals abschmecken, die Zilzil Tibs samt ausgetretenem Fleischsaft in die Sauce geben. Mit den Fladen essen.

Äthiopische Injeras aus
Teff-Mehl gebacken

Shakshuka

Ich habe mich für dieses Gericht entschieden, da es inzwischen zu einem meiner absoluten Lieblingsgerichte avanciert ist. Darauf gekommen bin ich durch eine Kochsendung im Fernsehen, die ich ab und an sehr gerne sehe. Mir gefällt das Konzept der Sendung, in der Köche landestypische Gerichte (nur anhand des Aussehens und des Geschmackes) nachkochen müssen. So bekommt man zusätzlich einen Eindruck über die verschiedenen Esskulturen und die Verarbeitung verschiedener Lebensmittel (Rituale, regionale Spezialitäten, Gewürze und kulturelle Identifikation). Eine Folge ist mir in besonderer Erinnerung geblieben. Der Moderator und Koch wurde nach Israel geschickt, um »Shakshuka« zu kochen. Dort ein Nationalgericht, das in der Regel zum Frühstück gegessen wird. Ich hatte es noch nie gehört, war aber sofort neugierig. Also nachgekocht und nach einigen Anläufen steht »Shakshuka« immer öfter auf dem Speiseplan. Nicht nur zum Frühstück! Die Zubereitung ist sehr simpel und, abgerundet mit Petersilie und Feta, ist es ein sehr schmackhaftes und sättigendes Gericht.
(Susann Moll, Leipzig)

Olivenöl, 1 rote Zwiebel, 1 große rote Paprika, 1 – 2 Knoblauchzehen,
1 Dose stückige Tomaten (800 g), 1 EL Tomatenmark,
1 TL Harissa-Paste oder ½ TL Harissa-Gewürzmischung, ½ TL Kreuzkümmel, Salz,
Pfeffer, 4 Eier, 75 g Feta, ½ Bund frische Petersilie

Den Backofen auf 200 °C (Ober- und Unterhitze) vorheizen. Eine Auflaufform oder ofenfeste Pfanne mit Öl einpinseln.
Zwiebel schälen und in Ringe schneiden. Paprika waschen, entkernen und in ca. 1 cm breite Streifen schneiden. Knoblauch schälen und fein hacken. Alles zusammen mit den Tomaten aus der Dose in die Auflaufform geben. Tomatenmark, Harissa und die Gewürze dazugeben (Meersalz und frisch gemahlener Pfeffer schmecken am besten). Alles gründlich miteinander vermischen und abschmecken, nach Belieben noch mit etwas Öl beträufeln.
In das untere Drittel des vorgeheizten Ofens schieben und ca. 45 Minuten schmoren lassen. Nach etwa 20 Minuten einmal durchrühren und darauf achten, dass die Masse nicht zu fest wird, eventuell etwas Wasser unterrühren. Nach weiteren 15 Minuten nochmals prüfen.
Nach 45 Minuten noch einmal alles gut durchrühren und vier Mulden in die Masse drücken. Die Eier einzeln in die Mulden schlagen und die Auflaufform zurück in den Ofen schieben. Abschließend die Eier ca. 8 Minuten stocken lassen.
Das Shakshuka in der Auflaufform, mit zerkrümeltem Feta und gehackter Petersilie bestreut, servieren. Dazu schmeckt Fladenbrot, knuspriges Weiß- oder Pitabrot.

Kultiges & Klassiker

Man staunt immer wieder, welche kulinarischen Schätze sich in Omas Rezeptsammlung verstecken. Es braucht gar nicht so viele und vor allem ungewöhnliche Zutaten, um diese Gerichte heute zu kochen. Da werden herrliche Erinnerungen an den Duft und Geschmack der eigenen Kindheit geweckt. Und auch die nächste Generation entdeckt neue Lieblingsgerichte. Eins haben die meisten dieser alten Gerichte gemeinsam – sie sind preiswert, schnell zubereitet und man kann sie gut kombinieren und variieren und auch die Zutaten für beliebig viele Mitessende abwandeln.

Ein Klassiker sind in vielen Familien die Kartoffelklöße zu Braten oder Gulasch (siehe auch Seite 91)

Geschmorte Jagdwurst

*I*ch bin Jahrgang 1937, bin also eine Hausfrau der DDR. Es musste viel improvisiert werden, gern gegessen wird manches heute noch. Einige Gerichte habe ich von meiner Mutter schon an meine Kinder und Enkelin weitergegeben. Meine Tochter kocht gerne eine Soljanka, mein Enkel wünscht sich Nudeln in Tomatensoße mit Jagdwurst, diese in Würfel geschnitten und angebraten. Wenn meine Familie (10 Personen – 4 Generationen) bei mir zusammenkommt, gibt es (am Vortag zubereitet) einen großen Topf.
(Ruth Humbert, Leipzig)

500 g Jagdwurst (oder mehr), mittelscharfer Senf, 1 – 2 EL Öl,
1 Dose passierte Tomaten, Meerrettich, evtl. Currypulver, 1 Prise Zucker,
200 g Sahne (alternativ Schmand oder Crème fraîche)

Wurst in etwas dickere Scheiben schneiden, eine Seite mit Senf bestreichen und auf beiden Seiten in etwas Öl anbraten. Gebratene Wurstscheiben aus der Pfanne nehmen und warm halten. Die passierten Tomaten in das Bratfett einrühren (eventuell wenig Milch oder Wasser zugeben). Nach Geschmack mit Senf, Meerrettich, Tomatenmark oder auch Curry würzen, mit einer Prise Zucker abrunden und mit etwas Sahne verfeinern. In einen Topf umfüllen und die Jagdwurst wieder in die Sauce geben und warm werden lassen. Dazu gibt es bei uns Salzkartoffeln, Nudeln gehen selbstverständlich auch.
Tipp: Beliebt sind auch »Jägerschnitzel« (siehe Foto). Dafür die Jagdwurstscheiben wie Schnitzel in Mehl und verqirltem Ei wenden, mit Semmelmehl panieren und in Öl goldbraun braten.

Grüne Klöße

*H*ier ist das Rezept für Grüne Klöße
(etwa zehn Stück) von meiner Mutti,
Renate Zeh, die leider nicht mehr lebt.
Oft haben wir, meine Schwester und ich,
sonntags die Klöße gemacht, während
Mutti den Braten vorbereitete. Auch
meine drei Kinder, die heute schon groß
sind, wissen, wie man original Grüne
Klöße bei uns in Thüringen zubereitet. Zum Sonntagsbraten werden die
Grünen Klöße in Thüringen bis heute
gerne gegessen. *(Simone Zeh, Stelzen)*

Kartoffelreiben mit der uralten Kartoffelreibe

2 kg festkochende Kartoffeln, etwas Salz, 1 Brötchen (Semmel), etwas Butter

Die Kartoffeln schälen. Davon rund 600 g vierteln, weich kochen und dann mit dem
Kartoffelstampfer zu Brei verarbeiten. Den überwiegenden Teil der Kartoffeln schälen und roh reiben. Zu DDR-Zeiten hieß die elektrische Reibe übrigens »Malina«.
Die elektrisch oder manuell mit der Handreibe geriebenen Kartoffeln in einem Tuch
(Kartoffelsäckchen) gründlich ausdrücken. Den Kartoffelsaft auffangen, aber nicht für
die Klöße verwenden. Die feste Kartoffelmasse (die Stärke) in eine größere Schüssel
geben, etwas auflockern und gut salzen.
Den heißen Kartoffelbrei über die rohe Kartoffelmasse in der Schüssel geben und
kräftig verrühren, so dass ein Kloßteig entsteht. Dieser darf nicht zu fest sein. Am
besten ist es, wenn die Kloßmasse sich wie von selbst von der Schüssel löst. Man
muss die Kloßmasse mit angefeuchteten Händen problemlos zu Klößen formen können. Eventuell etwas kochendes Wasser zum Teig geben.
Nach Belieben in die Mitte des Kloßes einige vorher in Butter geröstete Semmel-
würfel geben.
Die fertig geformten Klöße vorsichtig in kochendes, leicht gesalzenes Wasser legen.
Nicht zu viele Klöße auf einmal, sie sollen nicht aufeinander liegen, sondern Platz
haben. Nach dem Aufkochen, wenn sie an die Wasseroberfläche steigen, die Temperatur reduzieren und etwa 10 Minuten gar ziehen lassen, nicht kochen, damit sie nicht
zerkochen. Vor dem Servieren etwas ruhen lassen. Fertig sind die Grünen Klöße.

Grünkohl-Mangold-Pinkel

*F*otografieren, Wandern und Kochen standen schon immer auf meinem »Lebenszettel«. Weit zurück in die DDR-Zeit reichen die gestalteten Familienwanderungen mit meinem 1. Osterwander-Club RS. Solange es gesundheitlich ging, wurde zu Ostern und Pfingsten kräftig rund um Plauen im Vogtland »aufgezwickt«. Nach der Wende eroberten wir auch grenznahe Gebiete im westlichen Teil unseres Landes. Kulinarische Extras auf der Strecke und in den Wirtshäusern bereicherten dabei stets unsere Ausflüge. Gleichermaßen wurden auch Feiern aller Art im häuslichen Umfeld oder im Garten umgesetzt. Mittlerweile hat es uns familiär in den Norden geführt. Von hier oben auf der Landkarte, in Rostock, gucken wir auf eine erlebnisreiche Zeit mit vielen guten Zeitgenossen zurück. *(Rainer Schmidt, Rostock)*

1 kg Grünkohl, 1 kg Mangold, 2 Zwiebeln, 200 g Speckfett, 1 Flasche Pilsner,
500 g Schweinebauch oder Kassler, Salz, Pfeffer, 1 Prise Zucker,
etwas frisch geriebene Muskatnuss, Gemüsebrühe (auch Instant), Kümmel,
1 Lorbeerblatt, 4 Pinkelwürste (Grützwürste)

Grünkohl und Mangold von den dicken Rippen befreien und gründlich waschen. In kochendem Salzwasser blanchieren, gut abtropfen lassen und dann grob hacken. Das Kochwasser aufheben. Zwiebeln schälen und klein schneiden. Speckfett in einem großen Topf auslassen, die Zwiebeln darin anbraten. Mit etwas Bier ablöschen. Grünkohl, Mangold, Schweinebauch bzw. Kassler und Gewürze zugeben.

Das aufgehobene Kochwasser mit etwas Instantbrühe würzen und aufgießen. Im geschlossenen Topf etwa 1 Stunde garen, dabei immer wieder umrühren und mit Bier oder auch Brühe auffüllen. 20 Minuten vor Garzeitende die Würste mit einer Gabel anstechen und mit in den Topf geben.Dazu schmecken Kartoffeln, aber auch frisches Weißbrot und selbstverständlich Bier.

Semmelgeräusch

Ich möchte mich mit einem alten Rezept meiner Groß-mutter Marianne (siehe Foto) für »Semmelgeräusch« beteiligen, ein Gericht, das ich auch heute noch gerne esse. Laut Internetrecherchen wurde das Rezept letzt-malig 1962 gedruckt. Wenn Oma das »Semmelgeräusch« zu lange im Ofen hatte, nannten wir Kinder es auch »Semmelkrawall«, weil es dann ziemlich knusprig gewor-den war. In der Nachkriegszeit war es ein Festessen für meine Mutter, wenn sie vom Bauern fürs Gänse- bzw. Kühehüten ein Stück Speck und ein paar Eier als Lohn bekam. *(Christiane Henschel, Großhartmannsdorf)*

100 g geräucherter Speck,
400 g altbackenes Weißbrot,
4 Eier, Milch, Salz

Den Speck und das Brot in dünne Scheiben schneiden. Pfanne mit Speck auslegen, Brot einschichten. Die Eier mit etwas Mich verquirlen, diese Eiermilch über Speck und Brot in die Pfanne gießen. Darauf noch einige Speckwürfel geben. Im Ofen bei 180 °C backen. Dazu gab es grünen Salat mit Zucker-Zitronen-Marinade.

Süßsaure Eier

Schon meine Oma hat sie gemacht und es war immer lecker; aber mein Papa kann sie in Perfektion: die süßsauren Eier auf Kartoffelmus. Da darf keiner in der Küche sein. Bei diesem Essen schlägt seine Stunde und er allein ist der König aller Köche, das sagt sogar mein Lebenspartner, der gelernter Koch ist und schon in so einigen Sternerestaurants kochen durfte. Also, wir als Familie erklären die süßsauren Eier zu unserem Lieblingsfamilienessen, wir könnten uns da »reinlegen«. Immer wenn meine Eltern zu Besuch kommen, rufen meine Kinder schon am ersten Abend: »Opa, wann machst du wieder süßsaure Eier?« Und ich muss sagen, ich habe großen Respekt vor ihm, denn ich habe es mal versucht, diese süßsauren Eier nachzumachen. Die richtige Mischung aus Zucker und Essig zu finden, ist unglaublich schwer. Entweder ist es zu süß oder viel zu sauer – bei Papa aber gelingt es immer.

(Michaela Koschak, MDR-Wetterexpertin und Autorin)

Girlpower – Kochen für die ganze Familie

50 g Butter oder Margarine, 250 g Schinkenspeck, 50 g Mehl, 250 ml Gemüsebrühe (Instant), 250 ml Milch, Salz, Pfeffer aus der Mühle, 2 EL Zucker, 2 EL Essig, 8 Eier

Für das Kartoffelpüree:
750 g Kartoffeln, ½ TL Salz, 100 ml Milch, 80 g Butter, etwas frisch geriebener Muskat

Butter oder Margarine in einer beschichteten Pfanne erhitzen, den Speck in Würfel schneiden und darin auslassen, dann das Mehl darin anschwitzen. Mit Gemüsebrühe und Milch ablöschen. Bei mittlerer Hitze und ständigem Rühren aufkochen lassen.

An die sämige Sauce Zucker und Essig geben und mit Salz und Pfeffer abschmecken – je nachdem, wie sauer oder süß man es mag, mit Zucker und Essig individuell nachwürzen.

Die Eier einzeln aufschlagen und nacheinander in die heiße Sauce geben. Bei sehr geringer Hitze und geschlossenem Deckel die Eier langsam garen. Bitte üben Sie sich in Geduld, das kann mehrere Minuten dauern. Das Eigelb darf ruhig noch ein wenig flüssig, aber das Eiweiß muss komplett gestockt sein.

Dazu gibt es bei uns Kartoffelpüree. Hierfür die Kartoffeln schälen und in einem großen Topf in Salzwasser weich kochen. Das Wasser abgießen. Die noch heißen Kartoffeln durch eine Kartoffelpresse drücken. Die Milch aufkochen, die Kartoffelmasse und die Butter dazugeben, alles glatt rühren und nochmal mit etwas Salz und frisch geriebener Muskatnuss abschmecken.

Tipp: Alle Zutaten sollten Bio-Qualität haben.

Nudelkuchen

*D*ieses Rezept meiner Großmutter erinnert mich an meine Kindheit, verständlich, dass ich später – in modifizierter Art – meine Kinder dafür begeistert habe. *(Lutz Gebhardt, Ilmenau)*

250 g Hörnchennudeln, 1 mittelgroße Zwiebel,
250 g Jagdwurst, Schinken oder Kassler (oder alles gemischt), Margarine,
Semmelmehl, 1/4 l saure Sahne (20 %), 2 Eier, Salz, Pfeffer, Muskatnuss,
3 EL Tomatenketchup, Reibekäse oder Butter

Nudeln in Salzwasser bissfest kochen. Zwiebel schälen und in Streifen schneiden. Wurst und | oder Schinken in kleine Würfel (ca. 8 mm) schneiden.
Eine Auflaufform mit Margarine fetten und mit Semmelmehl »ausbröseln«. Danach zuerst eine Schicht Nudeln hineingeben, mit Zwiebelstreifen und Wurstwürfeln bestreuen, wieder Nudeln einfüllen und mit Wurst und Zwiebeln belegen, so fortfahren, bis alles aufgebraucht ist. Auf der obersten Schicht sollten nur noch Nudeln und Wurstwürfel sein. Alles in der Form etwas andrücken. Saure Sahne, Eier und Ketchup miteinander verquirlen und mit etwas frisch geriebener Muskatnuss, Salz und Pfeffer (am besten frisch gemahlen) kräftig abschmecken. Die Sauce über den Auflauf gießen. Die Oberfläche mit etwas grobem Semmelmehl und nach Geschmack mit Reibekäse bestreuen oder Butterflöckchen aufsetzen.
Dann im vorgeheizten Herd bei ca. 200 °C etwa 40 Minuten backen, bis die Oberfläche knusprig braun und die Flüssigkeit gestockt ist.

Freudenbergsches Sommer-Essen

(Ute Freudenberg, Sängerin)

1 kg Frühkartöffelchen, 1 frische Salatgurke,
1 Bund frischer Dill, 1 Becher Schmand (200 g),
2 Eier, Butter, Salz, Pfeffer, Paprika, 1 Prise Zucker,
kaltgepresstes Leinöl

Ute Freudenberg, Porträt 2020

Die gewaschenen Kartöffelchen mit Schale in Salzwasser kochen. Genügend Butter in eine Pfanne geben und die beiden Eier als Spiegeleier bei niedriger Temperatur braten, bis die Ränder knusprig sind. Mit Salz, Pfeffer und Paprikapulver würzen. Die Salatgurke mit einer Gemüsebürste und Wasser reinigen und abtrocknen. Mit einem Gemüsehobel in dünne Scheiben hobeln, mit sauberen Händen leicht durchkneten. Den Schmand und den Dill mit einem Schuss Leinöl dazugeben und mit Salz, Pfeffer und Zucker abschmecken.
Die fertig gekochten Kartöffelchen auf dem Teller anrichten, den Gurkensalat dazu und obenauf das Spiegelei mitsamt der Butter!
Tipp: Abwandlungen in jeglicher Form verändern das Geschmackserg(l)ebnis!

Wasserspatzen

*M*ein Mann Frank und ich genießen die »gute« Küche und schwelgen sowohl beim gemeinsamen Kochen als auch beim Essen in Erinnerungen und sprechen oft darüber, was wir in unserer Kindheit mochten oder wie bei uns zu Hause gekocht wurde. Bei einer Entscheidungsfindung für das nächste Mahl fiel die Wahl auf Sauerbraten, der schmecken sollte wie bei Franks Oma. Sauerbraten mochte ich nicht, geschweige denn hatte ich diesen jemals zubereitet, aber sei's drum. Doch was dazu? Mein Mann erinnerte sich an die »Wasserspatzen«, die seine Plauener Oma dazu servierte. »Wasserspatzen«? Das hatte ich noch nie gehört. Also wälzten wir Kochbücher für ein sächsisches Sauerbratenrezept, möglichst ohne Rosinen, denn die waren bei Oma nicht mit drin. Dabei fiel aus einem von meinem Vater geerbten Kochbuch ein vergilbter Zeitungsausschnitt mit Leserzuschriften unter der Rubrik »Für Hobby-Köche«. Auf diesem Zeitungsausschnitt stand doch tatsächlich ein Rezept für »Wasserspatzen«. Gesagt – gekocht! Das größte Lob für mich danach war die Aussage meines Mannes, dass die Wasserspatzen genauso gut schmecken wie bei seiner Oma … Am Rand sei angemerkt, dass der Sauerbraten völlig anders schmeckte und bis heute kommt meine Sauerbratenzubereitung nicht an seine Erinnerung »wie bei Oma« heran. So ist das eben im Leben. *(Diana Meysel, Eisleben)*

Kindheit auf dem Bauernhof – Diana Meysel 1979

Für 2 Personen
1 Ei, 80 ml Milch, 165 g Mehl, 1 Prise Salz

Alle Zutaten in einer Schüssel zu einem steifen Teig verarbeiten. Salzwasser aufkochen. Mit einem Löffel, der vorher in heißes Wasser getaucht wurde, kleine Stücke vom Teig abstechen und in das kochende Wasser geben. Die Wasserspatzen schwimmen an der Oberfläche und sind nach ca. 25 Minuten fertig.

Gefüllte Schmorgurken

Ich bin bereits viele Jahre Rentnerin, koche und backe immer noch gern und werde das, solange es geht, auch nicht aufgeben. Allerdings koche ich jetzt meist für mich allein, denn mein Mann ist 2019 gestorben. Ich zog damals von Sachsen-Anhalt ins Allgäu und fühle mich hier recht gut, denn hier lebt mein ältester Sohn (schon 30 Jahre) und ich kann bei ihm sein. Mein Kochrezept ist ein »altes« Rezept, das ich von meiner Mutter übernahm. In der Gurken-Ernte-Zeit gab es die »Gefüllten Schmorgurken« des Öfteren. Das habe ich dann für meine Familie sehr gern übernommen. Auch hier in meinem »neuen« Zuhause, im Allgäu, habe ich sie schon zubereitet.
(Gudrun Silvia Kaanen, Pfronten)

2 – 4 dickfleischige Gurken,
200 g Gehacktes (halb und halb),
50 g Weißbrot, 1 Ei,
1 kleine Zwiebel, Salz, Pfeffer,
Öl oder Margarine zum Anbraten,
¼ l Gemüsebrühe (auch Instant)

Je nach Größe 2 bis 4 Gurken schälen, längs halbieren und das Kernfleisch ausschaben. Das Gehackte mit dem eingeweichten, ausgedrückten Weißbrot, dem Ei und der kleingeschnittenen Zwiebel vermischen. Alles mit Salz und Pfeffer würzen. Die Gurkenhälften damit füllen und zusammenbinden. In heißem Öl von beiden Seiten anbraten, dann heiße Brühe zugießen und die Gurken schmoren, bis sie glasig sind. Wenn nötig noch etwas Brühe zugeben und nach Belieben mit kalt angequirltem Mehl binden. Dazu schmecken Salzkartoffeln aber auch Reis.

Tipp: Einen guten Geschmack gibt es, wenn man etwas Tomatenmark in die Soße gibt und mitköcheln lässt. Die Schmorgurken lassen sich auch gut einfrieren. Das Rezept funktioniert auch mit Zucchini.

Vogtländische Wickelklöße

*U*nser Hobby ist das Kochen und Backen. Wir versuchen, immer wieder neue Rezepte auszuprobieren und diese mit unseren Freunden zu verkosten. Wickelklöße gibt es ja in verschiedenen Varianten, aber alle gehen auf eine Legende zurück: Es war im Jahre 1692. Da lebte eine zehnköpfige Familie in einem kleinen Dorf im Vogtland. Es waren arme, einfache Menschen und sie nannten außer drei Hühnern, einem Hasen und einer Ziege nicht viel mehr ihr Eigentum. Das Weihnachtsfest stand vor der Tür und die Mutter beschloss, ihre Lieben zum Fest mit einem leckeren Mahl zu beschenken. Ein Braten, Rotkraut und Klöße, das sollte es geben. Aber, wie immer zu jedem Weihnachtsfest die gewöhnlichen Klöße? Doch wie sollten die Klöße zu etwas Besonderem werden? Als eine Nachbarin die Mutter um Hilfe beim Rouladenwickeln bat, kam ihr eine Idee.

Sie eilte sofort in ihre Küche, bereitete einen Kartoffelteig zu und suchte nach einer leckeren Füllung. Sie fand ein Stück übrig gebliebenes Frühstücksbrot, zerbröselte es und röstete die Brotkrümel in etwas Butter. Dann rollte sie den Kloßteig aus, verteilte die Brösel darauf, wickelte ihn zusammen und gab diesen gewickelten Kartoffelteig ins kochende Salzwasser. Als sie das Weihnachtsessen am Heiligabend ihrer Familie vorsetzte, staunten alle über die seltsame Form des Kloßes. Da sagte der Vater: »Es sind doch gewickelte Klöße. Warum nennst du sie nicht einfach Wickelklöße?«

(Friedegard und Joachim Jahn, Auerbach)

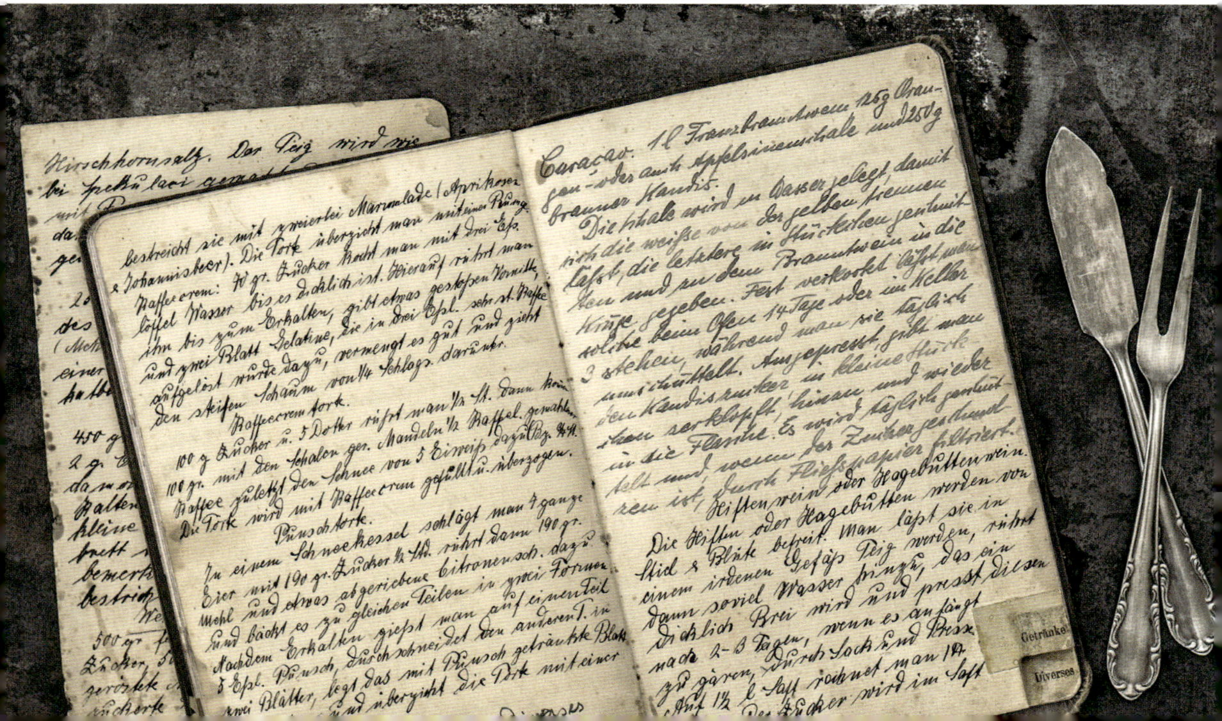

1 kg Pellkartoffeln (vorwiegend festkochende Kartoffeln vom Vortag), 200 g Mehl, 100 g Speisestärke, etwas Salz (nach Geschmack), 1 Prise Muskatnuss, 2 Eier, 100 g Butter, 125 g Semmelbrösel, etwas Mehl für die Arbeitsfläche

Die Pellkartoffeln schälen und in eine Schüssel reiben. Das Mehl und das Stärkemehl sieben, Salz und frisch geriebene Muskatnuss sowie die Eier zu den Kartoffeln geben und alles zu einem elastischen Teig verarbeiten (evtl. etwas Wasser dazugeben, der Teig darf aber nicht kleben). Den Teig kurz ruhen lassen und dann auf einer gut bemehlten Arbeitsfläche dünn zu einem Rechteck ausrollen und in ca. 12 cm x 20 cm große Rechtecke schneiden.
In einem großen Topf reichlich Wasser ansetzen, etwas salzen und aufkochen lassen. Die Butter in einer Pfanne schmelzen, in einer zweiten Pfanne die Semmelbrösel mit etwas Butter goldbraun rösten. Nun die Teigrechtecke mit der ausgelassenen Butter bestreichen (die Ränder jedoch frei lassen) und mit einem Teelöffel etwas von den goldbraun gerösteten Semmelbröseln darauf geben. Die Teigrechtecke aufrollen und die Ränder gut zusammendrücken, eventuell mit etwas Eiweiß bestreichen und dann die Wickelklöße in siedendem Salzwasser bei schwacher Hitze in etwa 20 bis 25 Minuten gar ziehen lassen, sie dürfen auf keinen Fall kochen. Mit einem Schaumlöffel die Wickelklöße herausheben und abtropfen lassen.

Tipp: Wickelklöße passen als Beilage zu Braten mit reichlich Soße, z.B. Rouladen, Wild- oder Hasenbraten und Rotkraut.

Schleckermäulchen an die Löffel

Gabi Kürschner aus Bernburg sandte eine Erinnerung ein, die viel über die Kreativität früherer DDR-Bürger aussagt: »*Es ist für Leckermäuler und setzte sich damals aus einer Packung Babysan, 2 Dosen gezuckerte Kondensmilch, 2 Stück Butter und viel Kakaopulver zusammen. Fertig war die leckere Nougatcreme, man wusste, was drin war. Wir haben damals viel Apfel- und Pflaumenmus selbstgemacht oder Honig aus Löwenzahn, der war immer ein bisschen dünnflüssig.*«

Doch wer Lust auf Süßes verspürte, musste nicht zwangsläufig nach Ersatz suchen. Süßspeisen und Desserts waren (und sind) allen gesunden Ernährungsregeln zum Trotz immer populär und gehörten zum Abschluss eines guten Essens einfach dazu. Manche süße Verführung hat es sogar zur Hauptspeise gebracht, wie die vielen Rezepteinsendungen zum Thema »Quarkkäulchen« (oder Quarkkeulchen) zeigen. Wir haben zwei davon hier abgedruckt.

Kirschpfanne oder auch Kirschenmichel ist ein leckerer Sommerauflauf (siehe Seite 113)

Vromas »Kreppelchen«

Vor einigen Jahren fand ich beim Aufräumen meiner Schulbücher aus den 1950er Jahren ein von mir in klarer Kinderschrift, aber etwas fehlerhaft geschriebenes Rezept. Es war datiert mit 30. Oktober 1954. Nach Fragen erzählte Oma Dora, dass sie es am Hochzeitstag 1896 von ihrer Großmutter erhalten hatte. Um dieses Gebäck kursierten für mich damals unerklärliche Gerüchte, wenn es um dessen Namen ging. Ich durfte jedoch stets beim Vorbereiten mithelfen. Obwohl es nichts mit dem heute bekannten Schmalzgebäck zu tun hat, nannte man es »Kreppelchen«. Der eigentliche Name wurde wegen seiner Zweideutigkeit nicht genannt. Unvergesslich blieb mir daher mein sechzehnter Geburtstag, an dem ich Oma Dora endlich die wahre Bezeichnung entlocken konnte: »Nonnenfötzchen«. Der Name entstand durch das Aussehen des Gebäcks. Offiziell wurde er damals natürlich nur hinter vorgehaltener Hand aus-

gesprochen. Später habe ich festgestellt, dass Backliebhaber den Namen kannten, aber nicht die richtige Zubereitung. Noch heute ist dieses Gebäck selten, jedoch sehr begehrt. Leider jedoch schneller aufgegessen als gebacken. (Christian Kullnick, Leipzig)

250 g Mehl, 50 g Zucker, 50 g geriebene Mandeln, 1 Prise Salz, abgeriebene Schale von 1 Bio-Zitrone, 50 g Butter, 2 Eier, 2 EL Milch, 1 Würfel Kokosfett zum Ausbacken, Puderzucker

Mehl, Zucker, Mandeln, Salz und abgeriebene Zitrone gut vermischen. Dann mit der Butter verkneten. Die Eier mit der Milch verquirlen und nach und nach dazukneten. Den Teig ca. 10 Minuten kühl gestellt ruhen lassen. Anschließend auf einer leicht bemehlten Arbeitsplatte so dünn wie möglich ausrollen, den ausgerollten Teig in Rhomben oder Rauten schneiden. Mittig schmal einschneiden und durch diesen Schlitz die eine Gebäckseite (wie eine Lasche) ziehen.

Kokosfett in einem Topf langsam schmelzen und bis kurz unter den Siedepunkt erhitzen. Die Teigteilchen im heißen Fett goldbraun ausbacken, dabei eventuell mit einem Schaumlöffel wenden. Auf Küchenkrepp etwas entfetten und dick mit Puderzucker besieben. Schmecken warm am besten!

Liwanzen

(Stefanie und Hans Jürgen Walter, Kurort Jonsdorf)

Lecker garnierte Liwanzen

Vater Walter beim Brutzeln

**15 g Hefe, 30 g Zucker, ½ l Milch, ca. 250 g Mehl, Salz,
abgeriebene Schale von 1 Bio-Zitrone, 1 Ei, etwa 100 g Fett,
je nach Geschmack Marmelade oder Apfelmus oder geschlagene Sahne**

In einer Sschüssel die Hefe mit Zucker, lauwarmer Milch sowie etwas Mehl verrühren und den Vorteig ca. 20 Minuten gehen lassen. Dann 1 Prise Salz, Zitronenschale, Ei, den restlichen Zucker und abwechselnd lauwarme Milch und Mehl zugeben. Alles gut verrühren, bis ein glatter Teig entsteht. Zugedeckt weitere 30 Minuten gehen lassen. Die Pfanne mit zerlassenem Fett ausstreichen und den Hefeteig als kleine Plinsen auf beiden Seiten goldgelb backen.
Die fertigen Liwanzen dann mit Apfelmus oder Marmelade und geschlagener Sahne genießen. Sie schmecken ebenso wunderbar, wenn sie warm einfach in Zucker gewendet werden.

Mohnklöße

Zu Weihnachten durften in Schlesien »Mohnkließla« (Mohnklöße) als Abschluss eines festlichen Weihnachtsessens in keinem Haus fehlen. Wenn man die gegessen hat, vergeht garantiert einige Zeit, ehe man sich über den Weihnachtsteller hermacht. Es ist ein solch eigentümliches, wirklich nur in Schlesien bekanntes Festgericht, dass Sie es einfach einmal probieren sollten. Danach werden Sie es lieben wie ich oder es für immer verschmähen. Woher allerdings bei diesem Gericht der Name Klöße kommt, ist nicht überliefert, denn Klöße sind es einfach nicht. Vielleicht repräsentieren sie damit ein wenig den schlesischen Schalk. *(Roswitha Hennig, Görlitz)*

10 – 12 dünne Semmelscheiben, 250 g gemahlener Mohn, 125 – 250 ml Milch, Zucker, Rosinen und Mandeln nach Belieben

Für die Zubereitung am besten eine Glasschüssel verwenden, um die dunklen Mohn- und hellen Semmelschichten gut sichtbar zu machen. Semmelscheiben und Mohn immer abwechselnd schichten, beginnend mit Semmelscheiben.
Jede Lage (Semmel und Mohn) mit etwas Zucker bestreuen. Danach die Milch zum Kochen bringen und nach Belieben süßen. Die süße Milch langsam über die Schichten gießen, bis diese gut vollgesogen sind. Es darf keine Milch in der Schüssel stehen und der Mohn auch nicht weggespült werden. Wer möchte, kann das Ganze noch mit Rosinen oder Mandeln verfeinern.

Süß-saurer Kürbis

Ich habe Kürbiskompott süß-sauer herausgesucht, ein von meiner Oma und Mutti überliefertes Hausrezept. Das Kürbiskompott gab es jedes Jahr zu unserer Kirmes (bis heute) nach dem Braten mit selbstgemachten Thüringer Klößen. *(Simone Zeh, Stelzen)*

Melanie und Annemarie Zeh zeigen stolz die Kürbisernte

1 ½ kg Kürbis, 6 EL Essig,
8 Nelken, 3 Stangen Zimt,
300 g Zucker

Kürbisfruchtfleisch würfeln und mit allen Zutaten in ¾ l Wasser geben. Aufkochen, dann eine Weile köcheln lassen, bis der Kürbis bissfest ist. Abkühlen und gerne noch durchziehen lassen, dann genießen.

Sächsische Quarkkäulchen

*D*ie »Quarkkäulchen-Fete« im Kleingarten, Mai 1995:
Schon im Vorfeld kam es bei regelmäßigen Zusammen-
künften (immerhin 4 befreundete Ehepaare, davon
3 Gartenbesitzer, mit insgesamt 5 Kindern) wieder und
wieder dazu, dass über ein typisch sächsisches Gericht
gespöttelt wurde, dass mein Mann Frank (im Foto)
regelmäßig und gern zubereitet. Natürlich ging es dar-
um, wann diese leckeren Quarkkäulchen denn einmal
für alle zum Mittagessen aufgetischt würden. Kurz-
um, es wurde ein Termin festgelegt und wir trafen bei
uns zu Hause die entsprechenden Vorbereitungen.
Eine sehr große Schüssel mit der vorbereiteten Teig-
masse wurde vorsichtig ins Auto gepackt und los ging's in die Kleingarten-
anlage. Hier wurde der »Chefkoch« bereits von einem »Empfangskomitee« erwartet –
mit einer Überraschung. Am Abend zuvor hatten sich die Frauen zusammengesetzt
und für den »Chefkoch« eine entsprechende Mütze und Schürze aus einer ausgedienten
blau-weiß-karierten Bettwäsche genäht, welche ihm nun feierlich überreicht wurde.
Bei herrlichstem Frühlingswetter stand der Chefkoch auf der Terrasse und brutzelte für
13 hungrige Bäuche leckere Quarkkäulchen. *(Heike Henkel, Autorin)*

650 g gekochte Kartoffeln vom Vortag, 200 g Mehl, 300 g Quark, 1 Prise Salz, 50 g Zucker, abgeriebene Schale von 1 Bio-Zitrone, 2 – 3 Eier, 2 – 3 EL Rosinen, Öl zum Ausbacken

Die geriebenen Kartoffeln mit dem Mehl und den übrigen Zutaten vermengen. Der Teig sollte sich feucht, jedoch nicht klebrig anfassen. Daraus Teigtaler formen (ca. 1,5 cm dick) und dann in heißem Öl ausbacken. Mit Zucker bestreut zu Apfelmus servieren.

Auf eine etwas leichtere Variante, ohne Kartoffeln, schwört Kabarettist Gunter Böhnke:

Quarkkäulchenrezept meiner Schwiegermutter (1932)

Ich habe mich immer wieder durch qualitätvolle Kreationen der sächsischen Leib- und Magenspeise QUORGGEILCHN ausgezeichnet. Zuletzt durfte ich für den MDR im »Riverboat« meine Backkünste unter Beweis stellen. Dabei konnte ich die Aufzeichnungen meiner Schwiegermutter nutzen. Das vorliegende handschriftliche Buch ist eine »Zweitschrift«. Das Original von 1932 ist bei dem Bombenangriff vom 4. Dezember 1943 in der

Das Genie beherrscht das (Küchen)Chaos

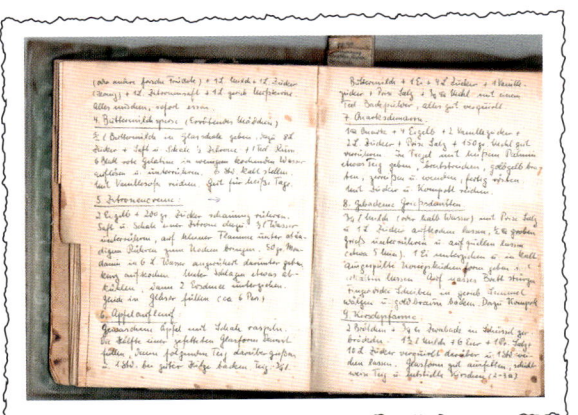

Die »Kopie« vom Original-Kochbuch

Wohnung ihrer Mutter verbrannt. Es soll auch einige Rezepte von der Frau des Gewandhauskapellmeisters Arthur Nikisch enthalten haben, mit dem der Vater meiner Schwiegermutter befreundet war.

(Gunter Böhnke, Leipziger Kabarettist)

500 g Quark, 4 Eigelb, 2 Pck. Vanillezucker, 2 EL Zucker, 1 Prise Salz, 150 g Mehl, Hartfett zum Ausbacken, Zucker, nach Belieben Kompott

Alle Zutaten von Quark bis Mehl gut verrühren, bis ein glatter Teig entsteht. In einem Tiegel das Fett heiß werden lassen (wir verwenden immer Palmin) und so viel Teig hineingeben, dass etwa handtellergroße »Käulchen« ausgebacken werden können. Zuerst eine Seite goldgelb braten, dann wenden und auf der anderen Seite fertig rösten. Mit Zucker und je nach Geschmack auch Kompott servieren, zum Beispiel mit Kirschkompott.

Kirschkompott

100 g brauner Zucker, 4 cl Kirschwasser, 20 g Vanillezucker, 1 Zimtstange, 1 Nelke, 1 Lorbeerblatt, 500 g Sauerkirschen (TK)

Den Zucker in einem Topf karamellisieren, mit dem Schnaps ablöschen und mit 1/4 l Wasser aufgießen. Die Gewürze hineingeben und alles köcheln lassen, bis der Gewürzsud eingekocht ist. Zimtstange, Nelke und Lorbeerblatt herausnehmen und den Sud mit 1 Prise Zimtpulver abschmecken. Kirschen zugeben, kurz durchschwenken und vom Herd nehmen. Das Kompott etwas durchziehen und abkühlen lassen.

Dampfnudeln nach Oma Erna

Wir besaßen in den 1950er Jahren eine elektrische Back- und Kochform, »EWS Kleinküche« genannt, in der stromsparend Kuchen und häufig eben auch diese wunderbaren Dampfnudeln oder Buchteln als süßes Mittagessen gebacken wurden, mein Lieblingsgericht als Kind. Das Rezept stammte von unserer Oma Erna, die eine Vorliebe für Gerichte aus der böhmischen Küche hatte und wundervoll kochte. Die Familie ihres Mannes, Opa Martin, stammte aus Böhmen.
(Christa Winkelmann, Naunhof)

500 g Mehl,
30 g Hefe,
knapp 1/4 l Milch,
50 g Margarine,
2 Eier,
45 g (3 EL) Zucker,
1 Prise Salz,
60 g Margarine zum
Fetten der Form,
30 g (2 EL) Zucker
zum Bestreuen nach
dem Backen

Zuerst das Hefestück herstellen. Dafür in eine Schüssel ein Viertel des Mehls geben, die Hälfte der Milch in die Mitte des Mehls gießen und die Hefe hineinbröckeln. Vorsichtig Mehl und Milch verrühren und so viel Mehl unterrühren, bis nur noch ein kleiner Rand stehenbleibt. Hefestück warm stellen und 15 bis 20 Minuten aufgehen lassen. Dann die restlichen Zutaten für den Teig dazugeben und gut vermengen. Ca. 16 Klöße formen, dicht nebeneinander in die gefettete Form legen, nochmals etwas aufgehen lassen, dann bei Mittelhitze (180 °C) in ca. 30 Minuten goldgelb backen. Noch warm mit zwei Gabeln aufreißen und mit Zucker bestreuen. Schmeckt sehr gut auch mit Vanillesoße.

Quarkringe

*I*ch habe ein Lieblingsgebäck in der Winterzeit, welches jetzt in der 4. Generation in unserer Familie sehr beliebt ist. Es gibt sogar noch einen Zettel mit dem Rezept aus den 1930er Jahren, den meine Mutti in einem handgeschriebenen Backbuch gefunden hat. Sie hat das Rezept von ihrer Mutter übernommen und auch meine Tochter hat es bis nach Ostwestfalen »exportiert«. *(Simone Thiele, Leipzig)*

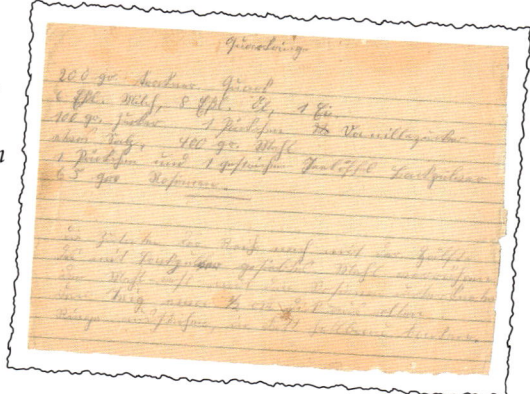

200 g Quark, 6 EL Milch, 1 Ei, 8 EL Öl (Sonnenblumen- oder Rapsöl), 100 g Zucker, 1 Pck. Vanillin-Zucker, 1 Prise Salz, 400 g Mehl, 1 Pck. und 1 gestrichener TL Backpulver, 65 g Rosinen

Alles zu einem glatten Teig verarbeiten, diesen ca. 1 cm dick ausrollen und Ringe ausstechen. Ich nutze dafür 2 Gläser – ein größeres Trinkglas (ca. 8 cm Ø) und ein Schnapsglas (2,5 bis 3 cm Ø) für das »Loch« im Ring. Die Ringe in Frittierfett ausbacken und noch heiß in Zucker wenden.

Tipp: Es gibt auch eine modifizierte Version für »Faule« in unserer Familie: Den Teig zum Ausbacken einfach mit einem Esslöffel abstechen, dann gibt es »Kräppelchen«. Auch die Rosinen werden gern mal weggelassen. Ich halte mich an die Originalversion.

Kirschpfanne

Das Rezept ist noch von meiner Oma (ich bin 76). Als Kinder haben wir uns danach gesehnt. Jetzt freuen sich meine Enkelkinder jedes Jahr auf die Sauerkirsch-Saison.
(Ursula Reith, Leipzig)

Unter unserem Kirschbaum mit den Zutaten zur Kirschpfanne

½ l Milch, 250 g Margarine, 250 g Zwieback oder altbackene Brötchen, 5 Eier, 500 g Sauerkirschen, 120 g Zucker, 1 Pck. Vanillezucker, 1 Prise Salz

Die Milch erhitzen, die Margarine zerlassen. Den Zwieback zerbrechen (Brötchen würfeln), heiße Milch und Margarine darüber gießen und vermischen. Die Eier in die Masse rühren. Anschließend die Kirschen (mit Stein, gibt den Geschmack), Zucker und Salz unterheben.
Den Brei in eine Backform geben und 1 Stunde bei 170 °C (Ober- und Unterhitze) backen. Die Kirschpfanne schmeckt heiß oder auch kalt sehr gut.

Tipp: Dazu passt Vanillesauce.

Zitronencreme

Herbert Frauenberger – als Küchenchef im historischen
Gasthaus zum Weißen Schwan in Weimar

*H*in und wieder ist es interessant, in kulinarischen Erinnerungen zu schwelgen. *Dabei kommt das eine oder andere, fast vergessene Rezept zum Vorschein, dessen Erinnerung sofort die Geschmacksknospen aufspringen lässt. Andererseits wird einem bewusst, dass man einst mit viel weniger Zutaten auskam und ungleich mehr Freude erlebte, als das heute der Fall ist. Ein perfektes Beispiel dafür ist eine Süßspeise aus meiner Kinderzeit. Nur an Sonn- und Feiertagen zauberte meine kochbegeisterte Großmutter zur Freude der ganzen Familie, besonders von uns Kindern, eine Zitronencreme. Kultstatus hatten die frischen Hühnereier aus dem eigenen Stall. Auch Zitronen waren in der Mangelwirtschaft nicht unbedingt selbstverständlich. Wurde die Zitronencreme dann noch mit etwas Schlagsahne aufgetragen, so war der Ausdruck »Sahnehäubchen« vollauf berechtigt, denn auch Schlagsahne zählte zu den erlesenen Zutaten. Das Rezept wurde von Generation zu Generation weitergereicht, doch besonders schmackhaft war die Creme von Oma und Uroma Isolde zubereitet. Nostalgie kann vielleicht auch die Geschmacksnerven anregen.*
(Herbert Frauenberger, Spitzenkoch und Autor)

4 frische Eier, 2 Bio-Zitronen (früher wurden die Zitronen kurz mit kochendem Wasser überbrüht, um auch etwas Abrieb von der Schale verarbeiten zu können), 20 g weißes Gelatinepulver oder 12 Blatt Gelatine, 50 g Zucker, zum Garnieren 100 ml Schlagsahne und 1 TL Puderzucker

Die Eier aufschlagen und das Eigelb sauber vom Eiweiß trennen. Eiweiß kalt stellen. Nun den Zucker zu den Eigelb geben und mit dem Rührgerät schaumig rühren. Von 1/2 Zitrone mit einer feinen Reibe etwas Abrieb herstellen. Die Zitronen halbieren und gut auspressen. Zitronensaft und Schalenabrieb unter die schaumige Ei-Masse rühren. Die Gelatine in kaltem Wasser einweichen. Etwa 2 bis 3 EL Wasser erhitzen und die ausgedrückte oder in einem Sieb abgetropfte Gelatine darin unter Rühren auflösen. Die gelöste Gelatine etwas abkühlen lassen und dann zur Ei-Masse geben. Das Eiweiß zu steifem Eischnee schlagen und vorsichtig unter die Ei-Masse heben, bis sich alles gut vermischt hat. Die Creme in passende Schalen oder auch Förmchen füllen. Schlagsahne steif schlagen, mit etwas Puderzucker süßen und mittels Spritzbeutel und Tülle dekorativ auf die Zitronencreme spritzen. Wer möchte, dekoriert das Dessert mit einem Minze- oder Zitronenmelissezweig.

Oh, Kuchen!

Nicht nur in Sachsen liebt man die Einladung zu selbstgebackenem Kuchen. In einem der begehrten Rezepthefte des Verlages für die Frau wurden die Vorzüge ungefähr so auf den Punkt gebracht: »...*natürlich ist nichts gegen den fertig gekauften Kuchen einzuwenden, der ausgezeichnet schmecken kann. Aber Hand aufs Herz bzw. Magen: Ein Stück Hefekuchen, warm aus dem Ofen, finden Sie selten beim Bäcker.*« Oder anders ausgedrückt: Backt eure Kuchen lieber selbst. Denn egal, ob selbst gebackener Käsekuchen oder Kalter Hund, Mandelschleier oder Linzer Torte – es macht einen Riesenspaß. Auch dem Nachwuchs, der besonders gern beim Plätzchenbacken hilft und gern schon mal den Teig probiert. Und die zahlreich eingesandten Backrezepte beweisen, dass es tatsächlich jede Menge Hobbybäckerinnen und Hobbybäcker gibt. Leider hat der Platz nicht für alle ausgereicht und wir bedanken uns an dieser Stelle bei allen, die uns ihr Lieblingsgebäck verraten haben.

Ein mit Liebe gebackener Kuchen versüßt jedes Fest

Nusskuchen oder 200-Gramm-Kuchen

»Kaffeekränzchen« mit 200 Gramm-Kuchen und Obsttorte, 1993

*D*iesen Nusskuchen – ein Winterkuchen aus den 1950er Jahren – gab es, gebacken von meiner Mutter (einer Breslauerin, geb. 1912) schon in meiner Kindheit (ich bin Jahrgang 1944). Da sie viele gute Backzutaten dank der »Westpakete« erhielt, war sie gern in der Küche aktiv und buk mit Leidenschaft. Irgendwann kam mir dieses »200-Gramm-Rezept« wieder in den Kopf, und heute noch schmeckt der Kuchen allen. Witzbolde allerdings fragen mich gern: Aber nicht mit 200 Eiern und 200 Gramm Backpulver, oder? *(Edeltraud Rössel, Rothenburg)*

200 g weiche Margarine, 200 g Zucker, 1 Prise Salz, 4 Eier,
3 Tropfen Bittermandelöl oder Rum-Aroma, 200 g Mehl, ¾ Pck. Backpulver,
200 g gemahlene Nüsse (Mandeln, Hasel- oder Walnüsse),
Schokoglasur (nach Belieben)

Eine Kastenform mit Margarine einfetten und gut mit Mehl ausstäuben. Die weiche Margarine (es ist auch ein kleiner Teil Butter möglich) mit dem Zucker schaumig schlagen, 1 Prise Salz dazu und nach und nach die Eier einrühren. Wenn alles gut geschlagen ist, Bittermandelöl oder Rum-Aroma zugeben, Mehl mit Backpulver sieben und unterrühren. Zum Schluss die Nüsse zugeben und alles nochmals gut verrühren. Teig in die vorbereitete Form füllen.
Die Form auf der untersten Einschubleiste in den Herd geben und bei ca. 180 °C (Ober- und Unterhitze ohne Vorheizen) etwa 60 Minuten backen. Nach 10 Minuten den Kuchen auf dem Rost vorsichtig zur Hälfte vorziehen (natürlich mit Topflappen) und mit

einem spitzen Messer längs einen »Schlitz« in den Kuchen ziehen, wieder in den Herd geben und weiter backen. Nach Ende der Backzeit eine Stäbchenprobe machen. Kuchen aus der Form stürzen und abkühlen lassen. Nach Belieben mit Schokoglasur (gekauft oder selbstgemacht) überziehen.

Rhabarber-Streuselkuchen

(Silvia Kunze, Malliß OT Conow)

325 g Butter, 350 g Zucker, 3 Eier, 1 TL abgeriebene Zitronenschale, 575 g Mehl, 4 TL Backpulver, 800 g Rhabarber, 1 Pck. Vanillinzucker, 25 g gemahlene Mandeln, Puderzucker

Den Backofen auf 200 °C (Ober- und Unterhitze) vorheizen.
200 g Butter mit 200 g Zucker cremig rühren, Eier und Zitronenschale nach und nach zugeben. 375 g Mehl mit dem Backpulver mischen und auf den Eischaum sieben. Unterrühren.
Ein Backblech mit Backpapier belegen und den Teig darauf geben, glatt streichen. Den Rhabarber vorbereiten (waschen, evtl. Fäden abziehen) und in Stücke schneiden, auf dem Teig verteilen.
Restliche Butter in kleinen Stücken in eine Schüssel geben, übriges Mehl, Zucker, Vanillinzucker und Mandeln zugeben und zu Streuseln verkneten. Diese auf dem Rhabarber verteilen und im vorgeheizten Ofen etwa 40 Minuten backen. Wenn der Kuchen abgekühlt ist, dick mit Puderzucker besieben.

Wolkenkuchen

Das Rezept habe ich vor über 30 Jahren von meiner Schwiegermutter bekommen und noch immer ist es der perfekte schnelle Kuchen, wenn sich spontan Besuch anmeldet. Die Zutaten hat jeder immer zu Hause und er ist schnell zubereitet und lecker. Wir sind zwar vor 29 Jahren in die alten Bundesländer gezogen, aber Kochen und Backen werden wir immer nach den guten alten DDR-Rezepten.
(Kerstin Landmesser, Detmold)

Für den Teig:
300 g Mehl, 300 g Zucker, 300 g Margarine, 1 Pck. Vanillezucker,
1 Pck. Backpulver, 5 Eier

Für die Streusel:
150 g Mehl, 150 g Zucker, 150 g Margarine, 100 g Backkakao,
100 g Butter zum Bestreichen, Puderzucker

Alle Teigzutaten verrühren und den Teig auf ein gefettetes Backblech streichen. Nun die Zutaten für die Streusel verarbeiten und die Streusel über den Teig verteilen. Den Kuchen bei Mittelhitze (180 °C) ca. 20 bis 25 Minuten backen. Dann den fertigen Kuchen etwa 30 Minuten abkühlen lassen, er soll noch ganz leicht warm sein. Mit flüssiger Butter bestreichen und mit Puderzucker bestreuen.

Tipp: Mit der Hälfte der Zutaten kann man den Kuchen in einer Springform backen.

Mooskuchen

»Mooskuchen« hat bis heute den Ruf, einer der beliebtesten und am meisten gebackenen Kuchen der späten DDR-Jahre gewesen zu ein. Ohne Frage hat irgendwann irgendwer das entsprechende Rezept von Verwandten »aus dem Westen« bekommen und dann ging alles wie von allein. Seinen Namen verdankt er der grünlichen Färbung des Belages, die entsteht, wenn alles richtig gemacht wird. Und dafür benötigt man Kaffeepulver, möglichst frisch gemahlen und hauchdünn auf die Creme gesiebt. Bohnenkaffee enthält Chlorogensäure, von der beim Röstvorgang zwar einiges verlorengeht, die aber noch immer in den Bohnen enthalten ist. In Kombination mit dem Eiweiß wird eine chemische Reaktion ausgelöst, welche die Grünfärbung verursacht.
(Kathrin Löscher, Gera-Zwötzen)

Für den Teig:

6 Eier, 250 g Butter oder Margarine, 200 g Zucker, 275 g Mehl, 1 TL Backpulver, 200 ml saure Sahne, 50 g Kakaopulver

Für den Belag:

125 g Kokosfett, 100 g Puderzucker, 1 – 2 TL fein gemahlenes Kaffeepulver

Den Herd vorheizen (Umluft 180 °C, Ober- und Unterhitze 200 °C).
Die Eier trennen, das Eiweiß in den Kühlschank geben. Die Eigelb mit Butter und Zucker in einer Schüssel cremig aufschlagen. Mehl und Backpulver sieben, vermischen und dazugeben. Saure Sahne und Kakaopulver ebenfalls hineinrühren. Teig auf ein mit Backpapier ausgelegtes Backblech streichen. Kuchen ca. 30 Minuten backen. Eventuell eine Stäbchenprobe machen. Schokokuchen auskühlen lassen. In dieser Zeit das Kokosfett zerlassen und abkühlen lassen, es soll flüssig, aber maximal handwarm sein.
Für den Belag das Eiweiß steif schlagen, dabei den Puderzucker einrieseln lassen. Nach und nach in kleinen Portionen das Fett unterrühren, bis eine gleichmäßige Creme entsteht. Die Masse auf den Kuchen streichen. Kaffeepulver gleichmäßig und sehr dünn auf die Creme-Schicht des Kuchens sieben. Den Kuchen über Nacht in einem kühlen Raum, zum Beispiel im Keller, ruhen lassen, damit das Moos zu »sprießen« beginnt.

Kleckselkuchen

*M*eine Großmutter stammte aus St. Georgenthal im nördlichsten Böhmen und musste mit ihrer Familie 1946 die Heimat verlassen. Doch ihre böhmische Küche war für alle immer ein Stück dieser Heimat, das sie nach Gosen bei Berlin begleitete. Vor allem der Kleckselkuchen war der Höhepunkt jeder Feier, auch wenn seine Zubereitung gehörig Zeit in Anspruch nahm. So bestand mein Großvater darauf, dass der Mohn nicht etwa gemahlen, sondern in einer unglasierten rauhen Tonschüssel gerieben wurde. Als Enkel behielt ich das Geheimnis selbstverständlich für mich: Die kleine elektrische Kaffeemühle, mit der sich meine Großmutter wenigstens eine der Vorbereitungen erleichterte. Wenn dann das ganze Kuchenblech innerhalb kurzer Zeit geleert war, schüttelte meine Oma oft ungläubig den Kopf – so viel Arbeit und so schnell aufgegessen. Manchmal erinnerte ich sie daran, dass sie mir einmal das Rezept aufschreiben müsse. Doch dann starb sie und es gab viele Jahre keinen Kleckselkuchen mehr. Knapp 20 Jahre später stieß ich dann in einem Buch auf ein ähnliches Rezept – allerdings ohne den geriebenen Apfel. Aber da ich mich daran noch gut erinnern konnte, buk ich zu meinem Geburtstag einen Kleckselkuchen und überraschte damit meine Mutter bei der Feier. »Der schmeckt wie bei meiner Mutter«, lautete ihr Urteil, und so backe ich ihn seitdem. *(Thomas Tunsch, Berlin)*

Für den Teig:
500 g Mehl, 1 Würfel frische Hefe, 80 g Zucker, ¼ l lauwarme Milch, 100 g Butter,
1 Ei, 1 Prise Salz

Für den Mohnbelag:
200 g Mohnsamen, gerieben (oder 1 Pck. Mohnback), 50 g Zucker,
1 Prise Zimtpulver, 1/4 l Milch, 1 Prise Salz, abgeriebene Schale von 1 Bio-Zitrone,
50 g Grieß

Für den Quarkbelag:
250 g Quark (20 % Fett i. Tr.), 2 Eigelb, 80 g Zucker, 2 EL Bourbon-Vanille-Zucker

Für den Powidlbelag:
250 g Powidl (dickes Pflaumenmus), 2 – 4 EL Rum

Für den Apfelbelag:
4 – 5 Äpfel, Zitronensaft

Für die Streusel:
100 g Butter, 100 g Mehl, 100 g Zucker, 2 EL Bourbon-Vanillezucker

Für den Teig das Mehl in eine große Schüssel sieben. Eine Mulde in die Mitte drücken, die Hefe hinein bröseln und in der Mulde mit 1 Teelöffel Zucker, 2 Esslöffeln Milch und etwas Mehl vom Rand verrühren. Etwas Mehl darüber stäuben. Den Vorteig mit einem Tuch zugedeckt etwa 15 bis 20 Minuten an einem warmen Ort gehen lassen. Die Butter in der restlichen Milch zerlassen und abkühlen, bis die Milch wieder lauwarm ist. Den Vorteig mit Restzucker, Ei, Salz und Milch verrühren. Alles zu einem glatten Teig verkneten, der sich vom Schüsselrand löst. Wenn nötig noch etwas Milch zugießen. Den Teig zugedeckt an einem warmen Ort etwa 10 Minuten gehen lassen, dann kräftig durchkneten und weitere 20 bis 30 Minuten gehen lassen.

Für den Belag Mohn, Zucker und Zimtpulver vermischen, Milch mit Salz und Zitronenschale zum Kochen bringen. Grieß einrieseln lassen. Den Topf von der Herdplatte ziehen und Mohn, Zucker und Zimt einrühren. Quark mit den Eigelb, Zucker und Vanillezucker verrühren. Das Pflaumenmus mit dem Rum glatt rühren. Die Äpfel schälen, reiben und mit dem Zitronensaft beträufeln.

Für die Streusel die Butter zerlassen und etwas abkühlen lassen. Das Mehl mit Zucker und Vanillezucker mischen. Die Butter darüber träufeln und alles mit einer Gabel zu Streuseln verarbeiten.

Ein tiefes Backblech mit Butter bestreichen. Den Backofen auf 200 °C vorheizen. Den Hefeteig auf einer bemehlten Arbeitsfläche ausrollen und auf das Backblech legen. Zuerst den Mohnbelag darauf verteilen. Dann mit Apfelraspel den Rand dicht belegen, damit Quarkbelag und Pflaumenmus nicht herunterlaufen. Die restlichen geriebenen Äpfel mit Abstand in kleinen Klecksen verteilen, dann das Pflaumenmus mit Abstand dazwischen setzen und schließlich mit dem Quarkbelag die verbleibenden Zwischenräume auffüllen. Die Streusel darüber streuen. Den Kuchen nochmals etwa 15 Minuten ruhen lassen, bis ein leichter Fingerdruck im Teigrand nach einigen Sekunden wieder verschwindet. Etwa 35 Minuten backen. Auf dem Blech auskühlen lassen und dann in Stücke schneiden.

Waffel-Schokoladentorte (Pischinger-Torte)

(Paula-Elisabeth Fuchs, Autorin, Verlagslegende)

Beim Anschneiden der Waffeltorte – Sigrid und Stefan Fuchs (Nichte und Neffe von P. E. Fuchs)

50 g Hartfett (z. B. Kokosfett),
100 g Butter,
150 g Staubzucker,
50 g Kakaopulver,
50 g Nüsse,
5 Karlsbader Oblaten

Hartfett erhitzen, bis es flüssig ist, abkühlen lassen und mit der Butter sahnig rühren. Den gesiebten Staubzucker und den Kakao nach und nach zufügen. Ein Drittel der Masse warm stellen. Unter den übrigen Teil die gehackten oder geriebenen Nüsse, auch Mandeln oder feine Kuchenbrösel geben. Mit dieser Masse vier Oblaten bestreichen, übereinandersetzen, mit der fünften bedecken und den Stoß mit einem Brettchen fest aufeinanderdrücken. Dann mit der warm gestellten Schokoladenmasse überziehen, kalt stellen und mit einem Sägemesser in acht kleine Stücke teilen. Wird jedes Achtel noch in drei Teile zerlegt, dann entstehen mundgerechte Happen. Pflanzenfett lässt sich gut anstelle von Talg, Margarine oder Butter verwenden.

Variante Lukullustorte: Statt Oblaten Kekse verwenden, die abwechselnd mit der dickflüssigen Schokoladenmasse in eine Kastenform gegeben werden. Nach dem Steifwerden stürzen.

Das war ein erster Hinweis auf den allseits beliebten »Kalten Hund«, der für Kuchenliebhaber ein absolutes Muss ist!

Kalter Hund

Dieses Rezept habe ich von meiner Großmutter und ich backe es jetzt auch mit meinen Enkeln! (Daniele Fillip, Harztor | Ilfeld)

1982 in Großmutters Küche:
Sie brüht Kaffee auf (der Kalte Hund
auf dem Tisch links)

200 g Zucker, 100 g Kakao, 1 Ei, 100 ml Milch, 250 g Kokosfett, 1 Pck. Butterkekse

Zucker, Kakao, Ei und die warme Milch gut verrühren, in der Zwischenzeit das Kokosfett erwärmen und dann löffelweise in die Masse einrühren. Eine Kastenform mit Frischhaltefolie auslegen und den Boden mit Keksen belegen, dann eine erste Lage Kakaomasse einfüllen und so lange abwechselnd Kekse und Masse in die Form schichten, bis die Form gefüllt oder die Kakaomasse aufgebraucht ist. Den Abschluss bildet immer Kakaomasse. Nun den Kuchen im Kühlschrank über Nacht durchkühlen lassen, umstürzen, die Folie entfernen und mit einem scharfen Messer anschneiden.

Leipziger Lerchen

*I*m Juni 2020 konnte ich einen meiner Wünsche leben: Ich nahm an der »Küchen-schlacht« teil (ZDF, Sie wissen schon). Und ich hatte Glück oder war es nur Zufall? Zu meinem regionalsten Gericht hatte ich einen aus meiner Region (ich bin Sachse, Dresdner genauer gesagt) als Richter. Als Hauptspeise plante ich Lammlachse mit Polenta-Plätzchen auf Rahmwirsing und als Dessert eine »Leipziger Lerche«. Ich lernte dieses Gebäck in meiner Leipziger Zeit als Parfümeriebesitzer kennen. In unserem Ein-kaufszentrum war unten im Supermarktbereich ein Bäcker, der dieses Gebäck anbot. Später entdeckte ich dann in der Innenstadt von Leipzig, während eines Messeaufent-haltes, eine kleine Bäckerei, die mit einigen Auszeichnungen des »Feinschmeckers« ausgestattet war. Hier gab es eine große Auswahl dieser Köstlichkeiten und so lernte ich die »Lerchen« kennen und lieben.

Zum Glück kam langsam Ruhe in mein Gemüt und ich war im Studio in Hamburg nach 3 Tagen nicht mehr ganz so aufgeregt. Alles lief nach Plan und ich schaffte das Hauptgericht recht routiniert. Die »Lerchen« gelangen mir ebenso, nur fehlte zur Perfektion der Klecks Marmelade, den ich einfach zum Schluss vergaß. Ziel erreicht: Den Horizont der ZDF-Küchenschlacht um eine unvergleichliche regionale Spezialität erweitert und den Wochensieg geholt. Mein Juror war begeistert, wobei ich denke, dass er einfach gute Erinnerungen an seine Ausbildung als Konditor in seiner Jugend hatte. Zitat von ihm: »Ich weiß nicht mehr, wie viele Lerchen ich hier backen musste.« Es war ein 1:0-Heimsieg. *(Thomas Neumann, Dresden)*

Für 8 Leipziger Lerchen

1 Pck. Blätterteig (450 g, FP), 100 g TK-Himbeeren, 50 g frische Himbeeren, 4 Eier, 2 EL Erdbeermarmelade, 100 g Marzipanrohmasse, 150 g Puderzucker, 1 TL Zimt

Den Ofen auf 220 °C (Ober- und Unterhitze) vorheizen. Kleine Tortenförmchen (Tortellets) mit Wasser ausspülen und bis an den oberen Rand mit ganz dünn ausgerolltem fertigen Blätterteig auslegen. Frische Himbeeren waschen, trockentupfen und zusammen mit den gefrorenen Himbeeren und 50 g Puderzucker pürieren und durch ein Sieb streichen. Blätterteig-Förmchen mit Marmelade und Fruchtpüree bestreichen. Restlichen Blätterteig in Streifen schneiden.
Für die Füllung Eier trennen. In einer Schüssel Eiweiß mit dem restlichen Puderzucker schaumig rühren, bis die Masse etwas fließt. Marzipan und Zimt unterrühren. Masse in die Förmchen geben und jeweils einen Blätterteigstreifen kreuzweise darüberlegen. So lange backen, bis sich das Gebäck hart anfühlt.
Tipp: Für einen gleichmäßig gebräunten fluffigen Blätterteig sollte nach etwa 5 Minuten Backzeit die Temperatur im Ofen reduziert werden, z. B. von 200 °C auf 160 °C.

Vanilletaler

(Roswitha Hennig, Görlitz)

200 g Weizenmehl,
100 g Zucker,
125 g weiche Butter,
1 TL Backpulver,
1 Pck. Vanillezucker,
1 Ei

Mehl in eine Schüssel sieben. Übrige Zutaten hinzufügen und alles mit einem Handrührgerät zunächst auf niedrigster Stufe, dann auf höchster Stufe zu einem glatten Teig verarbeiten. Den Teig auf der Arbeitsfläche kurz durchkneten, halbieren und jede Hälfte zu zwei Rollen (ca. 35 cm lang) formen, also insgesamt 4 Rollen. Zucker und Vanillezucker mischen, auf Backpapier geben und die Teigrollen darin wälzen. Die Teigrollen zugedeckt auf einem Brett etwa 60 Minuten in den Kühlschrank legen. Danach die Rollen in 1/2 cm starke Scheiben schneiden. Abschließend die Taler auf gefettete oder mit Backpapier ausgelegte Bleche verteilen und bei ca. 180 °C (Ober- und Unterhitze) 10 bis 12 Minuten backen.

Mandelschleier

*E*in sehr feiner, zarter Keks, den ich nach einem Rezept aus dem Kochbuch meiner Mutti von 1925 auf Wunsch meiner Kinder und Enkel bis heute oft backen muss. Dieses Buch steht wieder in meinem Regal. Unser Sohn hat es für mich restaurieren lassen. *(Christel Barth, Berlin)*

100 g Butter, 100 g Zucker, Saft von 1 Zitrone, 100 g Mandelblättchen, 50 g Mehl

Die Butter so lange schlagen, bis sie sahnig ist, erst dann Zucker und Zitronensaft unterrühren. Mandelblättchen zugeben und das Mehl darüber sieben. Weitere 5 Minuten rühren. Ein Backblech mit Backpapier belegen und ca. nussgroße Häufchen des Teigs mit ausreichend Abstand (mindestens eine Handbreit voneinander entfernt, da sie sehr breit laufen) darauf verteilen. Mit einer Gabel etwas flach drücken. Im vorgeheizten Ofen (ca. 200 °C Ober- und Unterhitze) etwa 12 Minuten goldbraun backen. Die Mandelschleier auf dem Blech abkühlen lassen, bis sie nur noch lauwarm sind, erst dann vorsichtig vom Blech nehmen.

Schokostreusel-Quarktorte

*D*iese leckere Torte gab es in meinen Kindertagen meist als Geburtstagstorte. Meine Mutter, von mir Nani genannt, dekorierte sie sehr liebevoll mit Schlagsahne und Geburtstagskerzen. Ich freute mich immer darauf, die Kerzen mit einem Mal auszupusten und mir im Geheimen etwas zu wünschen. *(Ivo Spacek, Leipzig)*

Für den Boden und die Streusel:
125 g Butter, 1 Ei, 125 – 150 g Zucker,
1 EL (25 g) Kakaopulver, 250 g Mehl,
½ Pck. Backpulver, Fett für die Form

Der Geburtstagskuchen 1977

Für die Füllung:

4 Eier, 1 Prise Salz, 125 g Butter oder Margarine, 125 – 150 g Zucker,
1 Pck. Vanillepuddingpulver oder Vanillesoßenpulver, 1 Pck. Vanillezucker,
500 g Quark (Magerstufe)

Für den Boden und die Streusel die sehr weiche Butter mit 1 Eigelb (Eiweiß für die Füllung aufheben), Zucker und Kakaopulver schaumig rühren und nach und nach das mit Backpulver gesiebte Mehl zugeben. Mit dem Knethaken des Handrührgeräts oder den Händen zu lockeren Streuseln verarbeiten.

Eine Springform (24 cm Ø) am Boden fetten oder mit Backpapier belegen. Die Hälfte der Streusel einfüllen und etwas andrücken. Dabei einen kleinen Rand formen. Für die Quarkfüllung die restlichen Eier ebenfalls trennen. Alle 5 Eiweiß mit Salz steif schlagen. In einer anderen Schüssel Butter, Zucker und Eigelb schaumig rühren. Puddingpulver (bzw. Vanillesoßenpulver), Vanillezucker und Quark unterrühren. Zum Schluss den Eischnee vorsichtig unterheben, nicht mehr rühren.

Die Füllung auf den Teigboden verteilen, glattstreichen und die restlichen Streusel darüber geben. Den Ofen auf 175 °C (Ober- und Unterhitze) vorheizen und die Quarktorte ca. 50 Minuten backen. Vor dem Servieren und Anschneiden gut auskühlen lassen.

Oma Hannis Quarktorte

*S*eit ich mich erinnern kann, wird diese Quarktorte von meiner Oma Hanni gebacken. Ob am Wochenende im Garten oder als Geburtstagskuchen – diese Variante eines »Käsekuchens« gehörte immer auf den Tisch. Die Besonderheit: Es gibt keinen Boden und vor allem keine Rosinen. Und weil das in meiner Familie eine Selbstverständlichkeit ist, war es für mich ein kulinarischer Schock, als ich zum ersten Mal ein Stück in einem Café bestellte und dieses mit Rosinen serviert wurde. Erst da erfuhr ich, dass auch unsere Familientorte zunächst immer Rosinen enthielt, weil die aber keiner mochte, wurden sie im Laufe der Jahre immer weiter reduziert, bis sie schließlich ganz verschwanden. *(Janina Woyach, Autorin)*

Beim Kindergeburtstag

1 Bio-Zitrone, 6 Eier, Salz, 300 g Zucker, 1 Pck. Vanillezucker,
1 kg Quark (Schichtkäse), 75 g Grieß, 25 g Mehl, 1 Pck. Backpulver,
Butter zum Einfetten der Form

Zitrone heiß abwaschen und mit Küchenkrepp trocknen. Die Schale rundum abreiben, Zitrone halbieren und auspressen. Die Eier trennen. Eiweiß mit einer Prise Salz steif schlagen. Das Eigelb mit dem Abrieb der Zitrone, Zitronensaft, Zucker, Vanillezucker und einer weiteren Prise Salz sehr schaumig schlagen. Die Masse soll deutlich an Volumen zunehmen. Quark, Grieß, Mehl und Backpulver unter ständigem Rühren nach und nach unterarbeiten. Zuletzt den Eischnee vorsichtig unterheben, nicht mehr rühren. Den fertigen Teig in eine leicht gefettete Springform geben und bei 180 °C etwa 60 Minuten backen, Stäbchenprobe machen.
Tipp: Mit gezuckerten Erdbeeren und Schlagsahne serviert, ist das die perfekte Sommertorte.

Blaubeer-Schmand-Torte

*D*ie Idee mit einem Jubiläums-
kochbuch finde ich sehr gut. Da
möchte ich natürlich auch etwas
dazu beitragen und sende Ihnen
eines meiner Lieblingsbackrezepte.
Bei uns läuft keine Festlichkeit ohne
diese Blaubeer-Schmand-Torte –
sonst fehlt etwas auf der Kaffee-
tafel. Wenn ich ein Mitbringsel für
eine Feier benötige, dann kommt
sie ebenfalls immer gut an.
*(Petra Rother, Döbern | Nieder-
lausitz)*

Für den Teig:
2 Eier, 5 EL Zucker, 5 EL Milch, 5 EL Öl, 1 Tasse Mehl, ½ Pck. Backpulver

Für den Belag:
3 Becher Schmand (à 200 g), 3 EL Zucker,
2 Pck. Paradies-Creme (1 x Zitrone, 1 x Vanille), 1 Becher Schlagsahne (200 g),
1 Glas Blaubeeren (Heidelbeeren, ca. 500 – 700 g), 2 – 2 ½ Pck. Tortenguss (rot)

Die Zutaten für den Teig in eine Schüssel geben und mit dem Handrührgerät cremig
aufschlagen. Eine Springform (26 cm Ø) am Boden mit Backpapier belegen, den
Teig einfüllen und glatt streichen. Im vorgeheizten Herd bei 180 °C (Ober- und
Unterhitze) etwa 20 Minuten backen. Stäbchenprobe machen. Tortenboden in der
Form auskühlen lassen.
Schmand, Zucker und Paradiescreme gut miteinander verrühren. Die Schlagsahne
steif schlagen und unterheben. Um den abgekühlten Tortenboden einen Tortenring
schließen und die Creme hineingeben. In den Kühlschrank stellen. Die Blaubeeren
mit dem Tortenguss aufkochen, abkühlen lassen und, bevor die Masse zu fest wird,
auf die Schmand-Creme verteilen. Nach Belieben garnieren und für mehrere Stunden in den Kühlschrank stellen.

Linzer Torte à la Sabine

Zu jeder Geburtstags- oder anderen Feier musste eine Linzer Torte dabei sein, sonst fehlte etwas ganz Wichtiges. Dazu muss ich noch sagen, es war immer sehr schwierig,

an »echtes« Pflaumenmus aus der Konsum Marmeladenfabrik Gera (VDK Nährmittel- und Marmeladenfabrik) zu kommen. Aber Schwägerin und ein Schwager arbeiteten dort und so hatte auch ich ab und an das »gute« Pflaumenmus. Das alles sind Erinnerungen, heute bin ich 90 Jahre alt.
(Christa Aurich, Bad Berka)

Im Urlaub mit Freunden schmecken auch mal Germknödel

4 Eier, 350 g Butter oder Margarine, 300 g Zucker, 1 TL gemahlene Nelken, 1 TL Zimt, 3 gehäufte EL Kakao, 200 g gemahlene Haselnüsse oder Mandeln, Mehl nach Bedarf, 1 Pck. Backpulver, 250 g Pflaumenmus, Puderzucker

Die Eier trennen. Eigelb mit der Butter und dem Zucker schaumig rühren, dabei die Gewürze, den Kakao und die Nüsse (oder Mandeln) zufügen. Die Eiweiß zu steifem Schnee schlagen und unter den Teig heben. Nun so viel mit Backpulver gesiebtes Mehl unter die Masse kneten, dass ein geschmeidiger Mürbeteig entsteht. Etwa 20 Minuten rasten lassen, dann ausrollen. Reichlich zwei Drittel in den Boden einer leicht gefetteten oder mit Backpapier ausgelegten Springform (26 – 28 cm Ø) drücken. Abschließend einen Rand hochziehen, evtl. noch etwas Teig zugeben. Den restlichen Teig nochmals kurz verkneten, ausrollen und in Streifen schneiden. Den Boden der Torte dick mit Pflaumenmus bestreichen (dabei nicht sparen). Die einzelnen Teigstreifen mit Abstand auf das Mus legen, sodass ein Gitter entsteht. Im vorgeheizten Ofen bei ca. 180 °C (Ober- und Unterhitze) ca. 25 Minuten backen. In der Form auskühlen lassen, nach Belieben dünn mit Puderzucker besieben.

Tipp: Mit ihrem Gittermuster aus Mürbeteig und der roten Konfitüre (das Original wird mit Marmelade aus roten Johannisbeeren bereitet) sowie den Gewürzen Zimt und Nelken gehört die süße Versuchung zu den absoluten Lieblingsrezepten.

Frankfurter Kranz nach Regine Hildebrandt

*N*orbert Blüm hat Regine Hildebrandt einmal wunderbar beschrieben: »… [sie] war ein Original im eigentlichen Sinne des Wortes; einmalig und unverwechselbar!« Von November 1990 an war Regine Hildebrandt Ministerin für Arbeit, Soziales, Gesundheit und Frauen des Landes Brandenburg. Vor allem in Brandenburg, aber auch weit über das Land hinaus war sie durch ihr außergewöhnlich offenes, volksnahes, oft auch undiplomatisches Auftreten populär. Oft wurde sie als »Mutter Courage des Ostens« bezeichnet, eine der couragiertesten Politikerinnen dieses Landes, die ihren Grundsatz »Erzählt mir doch nich, dasset nich jeht!«, lebte!

Für mich waren die Begegnungen mit ihr ganz besondere Momente. In besonders dankbarer Erinnerung habe ich ihren persönlichen Einsatz bei der Azubi Gala in Bad Saarow, einem Höhepunkt in der Ausbildung der Köche und Kellner, bei dem unsere Auszubildenden einen Abend selbstverantwortlich gestalteten. Ihr Leitspruch: »Der tiefere Sinn des Lebens liegt im Miteinander« ist auch der meine geworden. Danke Regine Hildebrandt. Und danke für das Familienrezept »Frankfurter Kranz«.

(Torsten Kleinschmidt, Koch und Autor)

Backen für den guten Zweck – Regine Hildebrandt
in Bad Saarow

Regine Hildebrandt mit
dem Frankfurter Kranz

Für den Teig:
4 Eier, 250 g feiner Zucker, 200 g Kartoffelstärke, 50 g Weizenmehl,
½ Pck. Backpulver

Für die Füllung:
1 Pck. Vanillepudding, ½ l Milch, 3 EL Zucker, 250 g Margarine

Für den Krokant:
1 TL Margarine, ca. 100 g grobe Haferflocken, mehrere TL Zucker

Die Eier kurz mit dem Handrührgerät verrühren, den Zucker zugeben und schaumig rühren, ca. 5 Minuten stehen lassen, dann weiter rühren, bis sich der Zucker gelöst hat. Kartoffelstärke, Mehl und Backpulver mischen und unterrühren. Etwa 1 EL Wasser zugeben. Alles in eine Frankfurter-Kranz-Form gießen und bei ca. 180 °C (Ober- und Unterhitze) ca. 30 bis 35 Minuten backen. In dieser Zeit nicht die Ofentür öffnen.

Während der Kuchen bäckt die Füllung zubereiten. Hierfür den Pudding nach Anleitung kochen und unter Rühren abkühlen lassen. Es darf sich keine Haut bilden. Margarine auf Zimmertemperatur bringen (nicht zu kalt und nicht zu warm) und mit dem Rührgerät löffelweise in den Pudding einrühren.

Für den Krokant etwas Margarine in einer Pfanne erhitzen, die Haferflocken zugeben und unter Rühren leicht bräunen. Nach und nach Zucker darüber streuen und unterrühren, um die Haferflocken zu kandieren. Vorsicht: Nicht zu lange! Aus der Pfanne auf ein vorgeheiztes Blech kippen, durch Bewegen verhindern, dass sich ein großer oder mehrere Klumpen bilden. Perfekt ist der Krokant, wenn jede einzelne Haferflocke einen Zuckerüberzug hat.

Den Frankfurter Kranz, der unbedingt kalt sein muss, in möglichst viele Schichten schneiden, mit Buttercreme füllen und außen herum bestreichen. Zum Schluss werden die kandierten Haferflocken über die Kranztorte gleichmäßig verteilt. Kranz kühl stellen. Beim Festkaffee mit Messer und Gabel schneiden und genussvoll essen.

Mohntorte nach Tante Käthe

*D*as ist ein altes Familienrezept von meiner Tante Käthe, einer Schwester meiner Mutter. Ihr Mann war Schneider und ich kann mich noch gut erinnern, dass wir ihn bei unseren Besuchen manchmal nähend im Schneidersitz mitten auf dem Tisch antrafen, so wie im Märchen »Das tapfere Schneiderlein«. Schon damals war die Torte in unserer Familie überaus beliebt und ich bin froh, dass Tante Käthe das Rezept an mich weitergegeben hat. Seit Jahrzehnten steht die Mohntorte nun auch bei uns zu jedem Familienfest auf dem Tisch und begeistert die Gäste. Trotz Buttercreme ist sie wunderbar leicht und sehr bekömmlich. *(Gisela Kralisch, Zwenkau)*

3 Eier, 150 g Butter, 170 g Zucker, 120 g ungemahlener Mohn, 100 g Mehl,
1 TL Backpulver; Buttercreme, Schokoraspel (Bitterschokolade)

Für die Buttercreme:
3/8 l Milch, 3 gestrichene EL Zucker, 1 Puddingpulver Vanille, 250 g Butter,
etwas Puderzucker

Eier trennen. Butter, Zucker und 3 Eigelb im Mixer schnell verrühren. Dann Mohn, Mehl und Backpulver zugeben, alles verrühren. Zuletzt den Schnee von den 3 Eiweiß unterheben. In einer gefetteten Backform 25 bis 30 Minuten bei ca. 175° C backen. Stäbchenprobe machen!

Inzwischen für die Buttercreme aus Milch, Zucker und Puddingpulver einen Pudding kochen. Butter und Puderzucker schaumig schlagen und den Pudding löffelweise unterrühren. Ganz wichtig dabei, Pudding und Butter müssen die gleiche Temperatur haben. Den ausgekühlten Boden quer teilen, Buttercreme aufstreichen. Den oberen Boden auflegen, mit Buttercreme bestreichen, mit Schokoraspeln bestreuen oder nach Belieben dekorieren.

Selterswasserkuchen

(Monika Schadock, Brandenburg)

4 Eier, 2 Tassen Zucker,
1 Tasse Öl, 3 Tassen Mehl,
1 Pck. Backpulver,
1 Prise Salz,
abgeriebene Schale von
1 Zitrone oder 1 Fl. Zitronenaroma,
1 Tasse Selterswasser

Glasur:
150 g Puderzucker,
2 EL Zitronensaft,
1 EL zerlassenes Kokosfett

Eier, Zucker und Öl mit dem Rührgerät schaumig schlagen, das mit Backpulver gesiebte Mehl, Salz und Zitronenschale zugeben. Sehr gut verrühren, zum Schluss das Selterswasser zugeben.

Den Teig in eine gut gefettete und ausgebröselte Form geben und bei ca. 180 °C (Ober- und Unterhitze) ca. 50 bis 60 Minuten backen (Stäbchenprobe machen). Den ausgekühlten Kuchen aus der Form stürzen und nach Belieben mit Zitronenguss überziehen oder mit Puderzucker bestreuen.

Tipp: Der Kuchen kann auch mit einem Schokoguss glasiert oder mit Rosinen oder Kakao verfeinert werden.

Weihnachtsstollen

Wenn das Jahr in seine letzten Wochen ging, dann zogen besonders verführerische Düfte durch mein Elternhaus. Es wurden Plätzchen und Pfefferkuchen gebacken und ein riesiges Lebkuchenhaus gebaut. Der Höhepunkt aber war jener Tag, an dem der Weihnachtsstollen bereitet wurde. Schon Wochen vorher stellte Mutter immer mal wieder eine Tüte mit verlockenden Leckereien weit oben auf den Schrank, denn süße Mandeln, Rosinen und Korinthen hatten auf uns Kinder eine magische Anziehungskraft.

Familien-Kaffeerunde

An einem Freitagabend im November war es endlich so weit: Vater holte die große Wanne vom Boden. Wir Kinder durften mit Mutter Mandeln »schnippen«, also die vorher gebrühten Kerne von der Schale befreien. Das machte riesigen Spaß, weil man dabei so schön naschen konnte. Bevor wir ins Bett mussten, durften wir noch helfen, die Mandeln zu zerkleinern. Für meine Eltern war der Abend noch lange nicht zu Ende. Alle Zutaten mussten abgewogen, Orangeat und Zitronat fein geschnitten, zig Kilogramm Mehl in die Wanne gesiebt, Zucker, Butter und all die anderen Zutaten zurechtgestellt werden. Der nächste Morgen begann für Vater und Mutter sehr früh, um die sorgsam vorbereiteten Zutaten zu einem geschmeidigen Teig zu verarbeiten. Wenn wir Kinder aufwachten, roch es schon verführerisch.

Am späten Vormittag kam endlich der große Augenblick: Die Wanne mit dem Teig wurde warm verpackt und dann ging es um die Ecke zum Bäckermeister. Am Tag, an dem der Weihnachtsstollen gebacken wurde, gingen wir besonders gern zu ihm. Dann durften wir in sein Allerheiligstes, in die Backstube. Dort roch es nach Tausendundeiner Nacht, überall standen Bleche mit duftenden Kuchen.

Er nahm ein Kuchenbrett, mehlte es ein und darauf kam unser Teig. Er teilte ein Stück von der Stollenmasse, wog es ab, genau drei Pfund – und in Windeseile rollte und knetete er daraus einen Stollenlaib. In jeden steckte er noch ein besonders gekennzeichnetes Hölzchen. Denn wenn beim Bäcker Stollenbacktag war, kamen viele. Damit später jeder seine Stollen wiedererkennen konnte, waren diese Hölzchen notwendig.

Nach dem Mittagessen wurden die fertigen Weihnachtskuchen abgeholt und schnell heimgebracht. Ihnen fehlte noch das weiße Zuckerkleid. Und das musste drauf, solange das Gebäck warm war. Mutter pinselte die Laibe mit reichlich Butter ein, wir Kinder durften sie zuckern. Waren sie ausgekühlt, bekamen sie noch eine dicke Puderzuckerschicht, danach wurden sie bis zum Verzehr bestens verpackt … *(Heidi Diehl, Hoppegarten)*

Zutaten für 5 Stollen á ca. 1,5 kg und 1 Blech Kartoffelkuchen:

1,5 kg Rosinen und 200 g Korinthen, ca. 1/8 l Rum,
1 kg süße Mandeln und ein paar bittere, ¼ l süße Sahne, etwas Amaretto,
2,5 kg Mehl, 8 Würfel Hefe, ca. ¼ l Milch, 400 g Zucker, 2 Pck. Vanillezucker,
200 g Zitronat, 100 g Orangeat, Abrieb von 3 ungespritzten Zitronen, 1 TL Salz,
½ TL gemahlene Muskatblüte oder Muskatnuss,
1 geriebene Tonkabohne (geht notfalls auch ohne), 1 TL Zimtpulver, 1 kg Butter

Rosinen und Korinten 3 Tage vor dem Backen mit Rum übergießen und durchziehen lassen.

Am Abend vor dem Backen alle Zutaten bei Zimmertemperatur zurechtstellen. Mandeln brühen, Schalen abziehen, zerkleinern (es können natürlich auch gleich geriebene Mandeln und Backaroma Bittermandel gekauft werden) und mit süßer Sahne übergießen, einen Schuss Amaretto dazu und über Nacht ziehen lassen. (Durch die Sahne wird der Stollen saftiger.)

Am nächsten Morgen das Hefestück ansetzen. Dazu etwa 500 g Mehl, lauwarme Milch, 3 bis 4 Esslöffel Zucker und die zerbröckelte Hefe in einer Schüssel verrühren

und an einem warmen Ort zugedeckt gehen lassen. In der Zwischenzeit alle anderen Zutaten (außer den Rosinen) in einer großen Schüssel vermischen, Butter am Rand verteilen. Dann das aufgegangene Hefestück dazugeben und alles gut durchkneten. Zuletzt die Rosinen unterheben. Den fertigen Teig an einem warmen Ort etwa 4 Stunden zugedeckt gehen lassen. Stollen formen, diese noch einmal gehen lassen und etwa eine Stunde lang bei 175 bis 180 °C (Umluft) backen.
Die fertigen Stollen noch warm mit reichlich zerlassener Butter bestreichen und dick mit Puderzucker bestreuen. Gut verpackt an einem möglichst kalten Ort mindestens 4 Wochen reifen lassen, bevor sie angeschnitten werden.

Einen Teil des Stollenteigs legte Mutter vor dem Backen beiseite. Am Tag, wenn die Stollen gebacken wurden, kam er mittags als Kartoffelkuchen auf den Tisch. Für mich der beste Blechkuchen überhaupt. Doch leider scheint der Kuchen in Vergessenheit geraten zu sein, selbst in Sachsen sucht man ihn zumeist vergebens. Und dabei gehört gar nicht viel dazu, vorausgesetzt, man hat als Grundlage einen guten Stollenteig.
Unter 750 g Stollenteig etwa 250 g am Vortag gekochte und durch die Presse gedrückte Kartoffeln geben, alles gut verkneten und auf einem Blech verteilen. Dick eingepinselt mit Butter und mit Zimtzucker bestreut noch einmal eine gute halbe Stunde gehen lassen. Dann den Kuchen etwa 25 Minuten bei Mittelhitze (180 °C) backen. Kartoffelkuchen genießen, solange er noch warm ist.

Schnelle Plätzchen

In den 1970er und 1980er Jahren gab es ja noch keine Mikrowelle und als berufstätige Mutter hatte ich immer Angst, dass mein Sohn beim Aufwärmen eines Gerichtes das Haus in Flammen setzt, Herdplatte und Fernseher an ... Deshalb habe ich immer einen gesunden Kuchen gebacken, den er als Mittagessen zu sich nehmen konnte. So hatte ich bald ein riesiges Repertoire an Apfel-, Käse- und Obstkuchen gesammelt. 20 Jahre später hat er mir seinen alten Computer geschenkt und zum Üben habe ich meine Rezepte abgetippt und sie dann dem BuchVerlag zur Publikation angeboten. Die Bilder von meinem Sohn stammen von 1972. Wir hatten damals auf dem Flohmarkt einen Kittel gekauft, den er bei Küchenarbeiten anzog, er war damit das »Katerlieschen«, nach der Frau aus dem Märchen, die beim Kochen allerlei Unsinn anstellte. Wir haben uns dann immer ausgedacht, was das »Katerlieschen« jetzt mit den Zutaten machen würde und hatten dabei viel Spaß. So verging auch das Aufräumen und Saubermachen nach dem Backen wie im Flug und unter viel Gelächter. (Carola Ruff, Autorin)

Sohn Marcus beim Plätzchenbacken

Fast ein Déjà-vu –
die Enkel backen
Plätzchen

**200 g Mehl, 1 Msp Backpulver, 100 g gemahlene Nüsse oder Mandeln,
100 g feiner Zucker oder Puderzucker, 1 Ei, 200 g kalte Butter**

Mehl, Backpulver, Nüsse und Zucker in einer Schüssel mischen, Ei zugeben, verrühren, dann kalte Butter in kleinen Stücken zugeben und zügig verkneten. 30 Minuten in den Kühlschrank stellen. Inzwischen Backblech fetten oder mit Backpapier belegen, Ausstechformen bereitlegen. Backofen auf 180 °C Umluft vorheizen. Arbeitsplatte mit Mehl bestreuen, Teig mit dem Nudelholz oder einer Flasche ausrollen, mit Förmchen ausstechen und auf das Backblech legen. Wenn man die Förmchen nicht findet, kann man auch mit einem kleinen Wasserglas runde Kekse ausstechen. Aus den Teigresten die Initialen der Familienmitglieder formen und ebenfalls aufs Blech legen. Backzeit etwa 25 Minuten, aber schon nach 15 Minuten die Kekse beobachten und solange weiterbacken, bis sie goldgelb sind, dann schnell herausnehmen. Abgekühlt in einer Keksdose aufbewahren, die Buchstaben dürfen gleich gegessen werden.

Tipp: Im Advent 1 Prise Zimt zugeben. Sind gerade keine Nüsse im Haus, kann man auch feine Haferflocken mit 1 EL Butter in der Pfanne leicht anrösten und abgekühlt zum Mehl geben.

Tante Monikas Weihnachtsplätzchen

Mit voller Konzentration – Frauke Weigand (vorn)
beim Plätzchenbacken, 1972

*D*ieses Gebäck gibt es, seit ich denken kann, in unserer Familie in der Weihnachts-zeit. Wenn ich heute selbst die Plätzchen backe und ihr Duft durch die Küche strömt, werde ich an meine Kindheit erinnert. Selbst der Geschmack dieser Plätzchen versetzt mich in meine Kindertage zurück. Meine Tante Monika schrieb das Rezept in den 1950er Jahren aus einer Zeitschrift des Verlages für die Frau ab, die sie beim Friseur gelesen hatte, und brachte somit das Rezept in unsere Familie. Seitdem heißt das Weihnachtsgebäck in unserer Familie »Tante Monikas Weihnachtsplätzchen«. Ich habe dieses Gebäck nie unter einem anderen Namen kennengelernt.
(Frauke Weigand, Autorin)

Für 2 Backbleche; etwa 64 Kügelchen:
250 g Butter, 100 g Puderzucker, 1 Pck. Vanillezucker, 30 g Kakao (etwa 4 EL),
75 g Mehl, 250 g Mais- oder Speisestärke,
Haselnüsse oder abgezogene süße Mandeln als Verzierung (Stückzahl je nach
Anzahl der Kugeln), Puderzucker zum Besieben

Die Butter schaumig rühren, Puder- und Vanillezucker dazugeben, Kakao, Mehl und Stärkemehl sieben und darunter kneten. Den Teig zu einer Rolle formen (ca. 2 cm Durchmesser). Die Teigrolle 20 bis 30 Minuten kühl gestellt ruhen lassen, dann in ca. 1 cm dicke Scheiben schneiden und jede Teigscheibe zu einem Kügelchen rollen. Kugeln auf ein leicht gefettetes (oder mit Backpapier belegtes) Backblech setzen. Vor dem Backen auf jede Kugel eine Haselnuss oder eine Mandel drücken. Den Backofen vorheizen (Ober- und Unterhitze 200 °C) und die Kügelchen 10 bis 12 Minuten backen. Noch heiß mit Puderzucker besieben.

Eierlikör-Nuss-Torte

*D*ie festlichen Kaffeetafeln in meiner Thüringer Heimat mit ihren köstlichen Gebäck-stücken und der farbenprächtigen Vielfalt waren für mich von Kind an das Schönste bei allen Familienfeiern. Und so wurde Backen meine Leidenschaft. Schon als Kind nutzte ich jede Gelegenheit, um mit meiner Mutter oder Großmutter gemeinsam zu backen. Wo auch immer im Dorf gebacken wurde – ich war dabei. Zutaten abzuwiegen und Teig zuzubereiten hat-te ich schnell von Mutter gelernt. Alles ging ein bißchen nach Gedanken und Gefühl, denn au-ßer einer großen Dezimalwaage gab es damals bei uns keine kleine Küchenwaage. Trotzdem hat das meiste geklappt. Ich interessierte mich für besonders schöne Rezepte, schrieb sie auf und probierte sie aus. Hier ist ein Rezept für eine unkomplizierte und zugleich sehr leckere und beliebte Festtagstorte.

(Gudrun Dietze, Thüringens bekannteste Backfrau und Autorin)

Gudrun Dietze und ihr Mann bei einer Signierstunde

Für den Boden:
4 Eier, 150 g Zucker, 1 EL Mehl, 1 TL Backpulver, 250 g gemahlene Nüsse

Für den Belag:
2 Becher Schlagsahne (à 200 ml), 2 Pck. Sahnesteif, 1 Pck. Vanillezucker, 1 Tafel Bitterschokolade, 4 – 5 Gläser Eierlikör (darf nicht zu flüssig sein)

Für den Boden Eier und Zucker zu einer dicken Creme aufschlagen. Mehl und Back-pulver vermischen und auf die Masse sieben. Die Nüsse zugeben und alles vorsichtig unterheben. Eine Springform (26 cm Ø) am Boden fetten oder mit Backpapier aus-legen. Teig einfüllen, glattstreichen und auf der mittleren Schiene bei 180 °C (Ober- und Unterhitze) 20 bis 25 Minuten goldbraun backen, Stäbchenprobe machen. Während der Boden abkühlt die Sahne sehr steif schlagen, zum Schluss Sahnesteif und Vanillezucker – vorher vermischen – einrieseln lassen. Die Schokolade klein schneiden und mit der Hälfte der Sahne vermischen. Gleichmäßig auf den gut aus-gekühlten Boden streichen. Den Rest der Sahne (also die Hälfte ohne Schokolade) darauf geben. Mit einem Esslöffel Vertiefungen in die Sahne drücken, in diese den Eierlikör verteilen.
Wer mag, kann noch einen Sahnerand um die Torte spritzen und sie mit Schoko-streuseln dekorieren. Bis zum Anschneiden in den Kühlschrank stellen.

Tipp: Das Schlagen der Sahne verlangt Fingerspitzengefühl. Wird sie zu lange ge-schlagen, entstehen Butterflöckchen, schlägt man sie zu kurz, ist sie zu »flüssig«.

Stachelbeer-Käsekuchen

Bei diesem Kuchen haben mein Sohn David, dessen Lieblingskuchen es ist, und ich der Omi oft über die Schulter geschaut. Er wird bei uns nie kalt, bevor der Erste kostet! Ich bin allerdings keine Köchin ... Mich nach strengen Rezepten zu richten, finde ich eher schwierig. Beim Kochen und Backen habe ich deshalb die Devise: gute Zutaten, das Ergebnis vor Augen und lieber einmal mehr abschmecken.
(Monika Herz, Sängerin)

Monika Herz bei der Arndt Bause-Gala 2019

Fett für die Form, etwas Semmelmehl, ca. 10 Zwiebäcke, 750 g Quark, 1 Ei,
4 – 5 EL Zucker, 1 Pck. Vanillezucker, 1 EL Leinöl,
1 Handvoll Korinthen oder Rosinen, 1 EL geschmolzene Butter,
1 EL Vanillepuddingpulver, 1 EL Grieß, 1 Prise Salz, 1 Prise Zimt,
350 g Stachelbeeren oder andere Früchte

Eine Springform fetten und mit Semmelmehl ausstreuen. Den Boden mit Zwieback auslegen. Alle Zutaten, außer den Früchten, gut verrühren und abschmecken! Die Quarkmasse auf den Zwiebäcken glattstreichen. Die Stachelbeeren darauf verteilen. Wer mag, bereitet noch aus Mehl, Butter und Zucker Streusel, dann ca. 50 Minuten bei 180 °C Umluft (oder 200 °C Ober- und Unterhitze) backen.
Tipp: Besonders lecker wird es, wenn man nach der Hälfte der Backzeit eine Hand voll Haferflocken oder Mandelblättchen darüber gibt.

Ein guter Schluck in Ehren

Wer annimmt, dass in der ehemaligen DDR nur Alkohol getrunken wurde, liegt vollkommen falsch. Es gab genug Selters, Limo, rote Brause, Saft, die beliebte Vita-Cola und natürlich Milch für die Kleinsten. Doch es wurde hier gern und oft gefeiert – denn wie *Egon Leser* im Buch weiter vorn geschrieben hat: »*Einen Grund zum Feiern gab es immer.*« – sowohl im Betrieb mit den Kollegen, der Hausgemeinschaft, den Gartennachbarn, im Sportverein wie auch privat mit Freunden und Verwandten. Und so standen im Barschränkchen oder Vorratskämmerchen auch Eierlikör, Pfefferminzlikör, Kirsch-Whisky, süßer Wein aus Freundesland, Bier, Spirituosen mit Weinbrand, Prima-Sprit, Korn, Kumpeltod und Blauer Würger … Vieles davon wurde sogar selbst gemacht oder für eigene alkoholhaltige Kreationen genutzt. Und was wäre eine Feier ohne ein Gläschen Likör, Schnaps oder Bowle? Das ist auch heute noch so und manche Getränke sind (in Maßen genossen) sogar gesund.

Mit Freunden ein Gläschen trinken – aufs gemeinsame Wohl

Vogelbeer-Schnaps

*I*n unserer Familie wurden von Generation zu Generation immer die Rezepte zum Kochen, Backen, Konservieren, aber auch für die Anwendung in der Hausapotheke weitergegeben. Die Nahrungsquelle im Thüringer Wald war die wunderbare Natur mit ihren Schätzen. Der Wald, die Wiesen und Felder waren für meine 10 Geschwister und mich nicht nur Abenteuerspielplatz, sondern auch ein kulinarischer Garten der besonderen Art. Je nach Jahreszeit gab es Blaubeeren, Preiselbeeren, Himbeeren und Brombeeren sowie Holunder- und Vogelbeeren. Alles wurde verarbeitet und gehörte auf unseren Speiseplan und in die Vorratskammer. Eben auch die ganz normale Vogelbeere.*

Beim Pflücken von Vogelbeeren

Viele Menschen glauben immer noch, dass die Vogelbeere giftig sei, was überhaupt nicht stimmt. Die Beeren sind wahre Vitaminbomben. Schon meine Urgroßmutter, Oma und Mutter pflückten im Herbst die Wildbeeren und verarbeiteten sie. Zum einen getrocknet für die Hausapotheke als Tee oder frisch verarbeitet für einen guten Vogelbeer-Likör oder zu leckerer Marmelade bzw. Gelee. Alles besonders in der kalten Jahreszeit ein Genuss. (Elvira Grudzielski, Oberweißbach)

Für den Schnaps die Beeren nach dem ersten Frost pflücken oder wer sie vorher suchen möchte, gibt sie für ein paar Stunden in den Gefrierschrank, damit sie etwas von der starken Parasorbinsäure verlieren. Unter fließend kaltem Wasser die Beeren von Insekten reinigen, um sie dann in eine Flasche oder Karaffe zu füllen. Passend zur Menge der Vogelbeeren die gleiche Menge braunen Zucker auf die Beeren geben. Jedes Gefäß zu drei Vierteln füllen und mit mindestens 40-prozentigem klaren Schnaps (Wodka, Korn) auffüllen. Danach gut verschließen und mindestens 2 Monate ruhen lassen.

Diejenigen, die den Tropfen etwas süßer mögen, können nach ein paar Wochen noch etwas Zucker zusetzen, um evtl. noch etwas zu süßen. Passend zur Weihnachtszeit wertet so ein selbst angesetzter Vogelbeerschnaps ein gutes Abendessen zum Abschluss zusätzlich auf.

Korb mit Vorgelbeerschnaps

Sächsisches Warmbier

*D*ieser »Abendtrunk« war genau das Richtige, wenn man im kalten erzgebirgischen Winter durchgefroren vom Skifahren oder dem Heimweg von der Arbeit zu Hause ankam und sich gemütlich aufwärmen wollte. *(Christa Winkelmann, Naunhof)*

1 kleines Stück Zimtrinde, 3 Nelken, 1 Stück Zitronenschale, 2 Flaschen helles Bier, 1 EL Mehl, ¼ l Milch, 1 Eigelb

Zimtrinde, Nelken und Zitronenschale in ¼ l Wasser aufkochen und 10 Minuten ziehen lassen. Das Bier in einen Topf gießen, den Zimtsud durch ein Sieb dazu gießen und alles erhitzen. Das Mehl in der Milch anrühren und in das leise kochende Bier einrühren. Das Eigelb hineinquirlen, das Getränk heiß servieren.

Mutters Likör-Geheimnisse

B is 1989 habe ich in Freiberg, Sachsen gewohnt. Am 3. November 1989 erhielten wir den Bescheid, dass unsere ständige Ausreise in die BRD genehmigt sei. Ein paar Tage später war die Grenze weg ...

Nach dem schwierigen Anfang über Gießen usw. haben wir hier in Oberfranken gleich Arbeit und Wohnung gefunden. Unterdessen habe ich auch wieder viele Kontakte nach Freiberg zu ehemaligen Mitschülern und Kollegen und schon so manches Treffen in Freiberg organisiert. Und wie früher bei Geburtstags- und Brigadefeiern waren die mitgebrachten, selbstgemachten Liköre der Renner. Mutters Rezepte dafür und etliche andere habe ich mir vor ca. 50 Jahren in ein heute noch existierendes Kochbuch geschrieben. Natürlich sieht es nicht mehr so toll aus, aber ein Schmeckerchen sind die Ergebnisse bis heute – nicht nur der legendäre Eierlikör meiner Mutter, der genauso beliebt ist wie vor Jahrzehnten, mittlerweile auch bei den Enkeln.

(Rosemarie Härchen, Bad Berneck)

Erinnerungsfoto an Silvester mit der Familie
1956 in Freiberg

Pfefferminzlikör

5 Eigelb, 200 g Puderzucker, 2 EL Kakao, 1 Pck. Vanillinzucker, 250 ml Kondensmilch,
1 kleine Flasche Pfeffi (oder vergleichbarer Pfefferminzlikör, 0,5 l)

Die Eigelb mit dem Handrührgerät schaumig schlagen, den gesiebten Puderzucker sowie Kakao und den Vanillinzucker dabei einrieseln lassen, zu einer homogenen Masse rühren, dann die Kondensmilch zugeben und zum Schluss den Pfeffi unterrühren. Durchziehen lassen.

Mutters Eierlikör

6 Eigelb, 250 g Puderzucker,
1 Pck. Vanillinzucker,
2 Flaschen oder
Dosen Kondensmilch (à 250 ml),
125 ml Primasprit oder Weingeist
(Ansatzspirituose, ca. 96 % Alkohol;
früher haben wir auch
»Bergmannsfusel« gesagt)

Die Eigelb mit dem Handrührgerät schaumig schlagen, den gesiebten Puderzucker sowie Vanillinzucker einrieseln lassen, dann nach und nach die Kondensmilch unterheben. Ganz zum Schluss den Alkohol unterrühren. Einige Zeit durchziehen lassen.

Grüne Wiese

*E*in herrlich leichter Cocktail, der auch bei Überraschungsbesuchen schnell zubereitet ist. Ganz nach Geschmack und Laune darf variiert werden.
(Brigitte Kunze, Malliß OT Conow)

Für 1 Person
2 cl Curaçao, 5 cl Orangensaft,
halbtrockener Sekt zum Auffüllen

Curaçao in ein Sektglas geben, Orangensaft zugießen, mit Sekt auffüllen und genießen.

Bols-Likör à la DDR

In der DDR war nicht selten von Lebensmitteln – Essen wie Trinken zu hören – die in eine andere Welt gehörten und letztlich unbekannt waren. So ein »Geheimtipp« waren Liköre der Marke Bols. Er schmecke einfach phantastisch, nicht zu vergleichen mit dem, was HO und Konsum im Angebot hatten. Doch DDR-Bürger waren erfinderisch, immer und in jeder Lebenslage, und so wurde Ende der 1960er Jahre folgendes Rezept mit Leidenschaft weitergegeben, um das ersehnte, zum Kult erhobene Getränk mit vorhandenen Mitteln geschmacklich nachzuempfinden. Später gab es die Liköre im delikat für teures Geld und die »Ernüchterung« folgte auf dem Fuß. *(Marina Peppel, Kassel)*

1 Orange, 44 Kaffeebohnen, 1 Flasche Doppelkorn (0,75 l)

Eine Orange (heute würde man eine Bio-Orange nehmen; auf jeden Fall soll sie gründlich gewaschen und gebürstet sein) mit einem spitzen Küchenmesser einstechen. In die Schlitze (ungefähr 44) jeweils eine ganze Kaffeebohne stecken, wobei die knappe Hälfte der Bohne noch zu sehen sein sollte. Die so vorbereitete Orange kommt in ein großes Schraubglas. Mit Doppelkorn auffüllen, bis die Frucht gut bedeckt ist. Fest verschraubt gönnt man dem Ansatz 44 Tage Ruhe, allerdings sollte man das Gemisch mehrmals in der Woche schütteln. Nach 44 Tagen kann man den selbstgemachten Orangen-Kaffee-Likör in verschließbare Flaschen oder Karaffen abfüllen und genießen.

Ki-Wi-Schorle

Sie war das wohl beliebteste Erfrischungsgetränk bei Hausgemeinschaftsfeiern, Nachbarschaftsbesuchen oder einfach nur an heißen Tagen. Wann immer sich die Bewohner des Leipziger Mehrfamilienhauses in lockerer Runde – sei es im Sommer auf dem Hof oder im Winter auf dem entsprechend präparierten Dachboden – trafen, schworen die Männer auf Bier, auch Wodka kam zu Ehren. Die Frauen »mixten« Kirsch-Whiskey mit Rotkäppchen Sekt und genossen die fruchtig-süße Versuchung.
(Ute Scheffler, Autorin)

Da steppte der Bär – Hausfasching 1980

1 Flasche Kirsch-Whiskey (0,7 l), 1 Flasche trockener Sekt (0,7 l),
1 – 2 Flaschen Mineralwasser mit Kohlensäure

Einen ausreichend großen Krug oder ein geeignetes Gefäß (es werden mindestens 3 l Schorle) bis knapp zur Hälfte mit Eiswürfeln füllen. Zuerst den Kirsch-Whiskey (liebevoll Ki-Wi genannt) zugießen, kurz umrühren, Sekt dazu und alles mit Mineralwasser auffüllen. Mit Eiswürfeln in Gläser geben und mit oder ohne Strohhalm trinken.

Fruchtige Bowlen

Bowle gehörte viele Jahre zu jedem Sommerfest unserer Familie. Meine Oma besaß ein großes bauchiges Bowlegefäß aus braun-grauer Keramik, mit Reliefs von Weintrauben und Blättern üppig verziert. Auch der Deckel hatte einen Knauf aus einer Weinbeere. Dieses kitschige Ungetüm verschwand irgendwann in den 1980er Jahren und wurde durch ein schlichtes Glasgefäß ersetzt, das zur zarten Rosenbowle auch besser passte. Aber an das »Bowlenungeheuer« erinnert die Familie sich heute noch gern.
Beide Rezepte sind auf etwa 3 l Flüssigkeit abgestimmt. *(Ulrike Winkelmann, Zwenkau)*

Rosen-Bowle

6 voll aufgeblühte Rosen (ungespritzt), 100 g Zucker, 1 Glas Weinbrand,
2 Flaschen Weißwein, 1 Flasche Sekt oder Mineralwasser, Orangenscheiben,
eventuell ein Schuss Orangensirup

Die Rosenblätter mit dem Weinbrand, einigen Orangenscheiben und etwas Weißwein zum Durchziehen ins Bowlengefäß geben, 2 Stunden kühl und gut abgedeckt stehen lassen. Vor dem Servieren die Rosenblätter aus dem Gefäß entfernen, Wein nachgießen, mit Zucker abschmecken und Sekt auffüllen.

Pfirsich-Bowle

8 reife Pfirsiche,
200 g Zucker,
Saft von 1 Orange,
2 Flaschen Weißwein,
1 Flasche Sekt oder
Mineralwasser

Die geschälten Pfirsiche halbieren, entkernen, in Würfel schneiden und mit Zucker, Orangensaft und einer Flasche Weißwein im Bowlengefäß ansetzen. 1 bis 2 Stunden kalt gestellt durchziehen lassen, dann den restlichen Wein hinzufügen und die Bowle abschmecken. Vor dem Servieren Sekt oder Mineralwasser hinzufügen.
Tipp: Je nach Geschmack verwendet man lieblichen oder trockenen Wein.

Bowle-Extrakt

*D*as Rezept stammt aus dem 1970er-Jahre-Rezeptheft des Verlages für die Frau »Wir mixen selbst«. Es kommt bis heute super gut in meinem Freundes- und Bekanntenkreis an und wird gern genutzt. *(Martina Orlet, Leipzig)*

12 Bio-Zitronen, 500 g Zucker, 1 l trockener Rotwein

Die Zitronen gründlich mit heißem Wasser abreiben, danach gut trocknen. Von 3 Zitronen die Schale abreiben, alle 12 auspressen. Zitronenabrieb, Zitronensaft, Zucker und Rotwein zum Kochen bringen, kurz aufkochen lassen und sofort durchsieben. In einem abgedeckten Gefäß erkalten lassen, danach in Flaschen umfüllen. Gut verschlossen hält sich der Extrakt jahrelang und ergibt, mit Früchten angereichert sowie Wein, Sekt oder Wasser aufgefüllt, die perfekte Basis für eine schmackhafte Bowle, die schnell zubereitet ist.

REZEPTVERZEICHNIS

Wir bedanken uns bei allen, die zum Gelingen dieses Buches beigetragen haben:

Ulf Annel (Erfurt)
Christa Aurich (Bad Berka)
Gudrun Baartz (Dessau)
Gitte Bach (Berlin)
Christel Barth (Berlin)
Gunter Böhnke (Leipzig)
Brigitte Brietze (Ostseebad Dierhagen)
Elke Cohnen (Johannesberg)
Heidi Diehl (Hoppegarten)
Gudrun Dietze (Chursdorf)
Petra Döring (Leipzig)
Claudius Dreilich
Ingrid Erfurth (Berlin)
Daniele Fillip (Harztor/Ilfeld)
Doris Födisch (Bobeck)
Herbert Frauenberger (Ebenheim)
Ute Freudenberg
Reiner Fuchs (Auerbach im Vogtland; Neffe von
    Verlagslegende Paula-Elisabeth Fuchs)
Wolfgang Fuchs (Borna)
Lutz Gebhardt (Ilmenau)
Jürgen Geißler (Leipzig)
Elvira Grudzielski (Oberweißbach)
Rosemarie Härchen (Bad Berneck)
Simone Hanke (Dresden)
Angela Hengst (Chemnitz)
Roswitha Hennig (Görlitz)
Heike Henkel (Leipzig)
Christiane Henschel (Großhartmannsdorf)
Monika Herz
Jörg Hildebrandt
Lutz Hoff
Ruth Humbert (Leipzig)
Claus-Roland Isidorczyk (Falkensee)
Friedegard und Joachim Jahn (Auerbach)
Gudrun Silvia Kaanen (Pfronten)
Rainer Karchniwy (Michendorf)
Peter Kersten (Coswig)
Brigitte und Torsten Kleinschmidt (Schöneiche
    bei Berlin)
Katharina Kleinschmidt (Leipzig)
Michaela Koschak (Markkleeberg)
Gisela Kralisch (Zwenkau)
Christian Kullnick (Leipzig)
Brigitte Kunze (Malliß OT Conow)
Hagen Kunze (Döbeln)
Silvia Kunze (Malliß OT Conow)
Gabi Kürschner (Bernburg)
Petra Kusch-Lück
Kerstin Landmesser (Detmold)
Egon Leser (Weißenfels)
Kathrin Löscher (Gera-Zwötzen)
Martina Ludwig (Leipzig)

Diana Meysel (Eisleben)
Bärbel Modes (Oberwiesenthal)
Susann Moll (Leipzig)
Andreas Müller (Bitterfeld-Wolfen)
Ilona Müller (Schmölln)
Bärbel und Ingo Nagel (Groß Nemerow)
Karin Nerger (Dresden)
Marion Nestler (Gera)
Sandra Neubert (Wolkenstein)
Roland Neudert
Jan Neumann (Dresden)
Thomas Neumann (Dresden)
Maike Niederhausen (Berlin)
Irmgard Noeske (Potsdam)
Martina Orlet (Leipzig)
Marina Peppel (Kassel)
Jacqueline Peters (Jöhstadt)
Helga Piur
Martha Przybyl (Cottbus)
Silvia Reinecke (Seehausen)
Ursula Reith (Leipzig)
Eva Rißmann (Hoyerswerda)
Ingelore Roever (Leipzig)
Regina Röhner (Bernsdorf/ OT Rüsdorf)
Edeltraud Rössel (Rothenburg)
Petra Rother (Döbern/Niederlausitz)
Carola Ruff (Proßmarke)
Monika Schadock (Brandenburg)
Familie Schadock-Skoniezki (Brandenburg)
Ute Scheffler (Leipzig)
Rainer Schmidt (Rostock)
Marina Schulz (Guben)
Peter Stefan Smok (Markranstädt)
Ivo Spacek (Leipzig)
Monika Süß (Hainichen)
Erika Tausch (Rostock)
Simone Thiele (Leipzig)
Thomas Tunsch (Berlin)
Stefanie und Hans Jürgen Walter (Jonsdorf)
Frauke Weigand (Leipzig)
Christa Winkelmann (Naunhof)
Ulrike Winkelmann (Zwenkau)
Rüdiger Wolf (Berlin)
Janina Woyach (Leipzig)
Heidi Wulfgramm (Stralsund)
Simone Zeh (Stelzen)

159

BILDNACHWEIS